TRÉSOR
DES
CHANSONS
JOYEUSES ET POPULAIRES
ANCIENNES ET NOUVELLES
RECUEILLIES
DES PLUS CÉLÈBRES AUTEURS CHANSONNIERS

Troisième Édition

PARIS
BERNARDIN-BECHET, LIBRAIRE
QUAI DES AUGUSTINS
1867

CHANSONS

JOYEUSES ET POPULAIRES

En vente à Paris

Chez BERNARDIN-BECHET et chez L. VIEILLOT, éditeur,

32, RUE NOTRE-DAME-DE-NAZARETH.

Almanach de la jeune Chanson Française.
Répertoire chantant le plus complet des grands succès populaires. Illustré de vingt gravures, d'après les dessins de BERTALL, CHAM et CÉLESTIN NANTEUIL, contenant 52 chansons, romances, chansonnettes, scènes comiques, rondes théâtrales et morceaux d'opéras de nos célébrités contemporaines.

PRIX DE CHAQUE ANNÉE : **50 CENT.** ET **60 C.**
(*franco* par la poste).
Les QUATRE premières années : 1864, 1865, 1866 et 1867, sont en vente.

L'Almanach de la jeune Chanson Française est la seule publication de ce genre qui ait publié les plus célèbres chansons du répertoire de Mmes DÉJAZET, SCHNEIDER et THÉRÉSA, et les meilleurs succès de nos principaux artistes : MM. BERTHELIER, BRASSEUR, DARCIER, FAURE, ISMAEL, Joseph KELM, LEVASSOR, RENARD et SAINTE-FOY.

La collection *complète* de cette charmante publication formera une petite bibliothèque lyrique du plus piquant intérêt. — L'extrême modicité de son prix la placera dans les mains de TOUS les amateurs de bonnes chansons.

Paris. — J. Claye, imprimeur, rue Saint-Benoît, 7.

TRÉSOR DES CHANSONS

JOYEUSES ET POPULAIRES

ANCIENNES ET NOUVELLES

RECUEILLIES

DES PLUS CÉLÈBRES AUTEURS CHANSONNIERS

—

Troisième Édition

—

PARIS

BERNARDIN-BÉCHET, LIBRAIRE

31, QUAI DES AUGUSTINS.

1867

N. B La musique de presque toutes les chansons, romances et chansonnettes contenues dans le présent volume, ainsi que *toute espèce* de musique de chant publiée par TOUS les éditeurs de musique de FRANCE et de BELGIQUE, se trouve chez L. VIEILLOT, libraire-éditeur de musique, 32, rue Notre-Dame-de-Nazareth, à Paris

Toutes les romances et chansons NOUVELLES contenues dans le TRÉSOR DES CHANSONS étant *la propriété exclusive* de l'éditeur L. VIEILLOT, toute reproduction, même partielle, sera rigoureusement poursuivie.

CHANSONS
JOYEUSES ET POPULAIRES

RIEN N'EST SACRÉ
POUR UN SAPEUR

CHANSONNETTE BOUFFE

Chantée par Mlle Thérésa, aux concerts
de l'Alcazar d'été.

Paroles de M. Louis Houssot;
Musique de M. A. de Villebichot.

Qu'un' pauv' servante a donc d' misère
A l'égard de son sentiment,
Et qu'elle a d' mal à satisfaire
L'objet d' son doux attachement
Sans avoir du désagrément!   (*bis.*)

T'nez pas plus tard qu'à l'instant même,
J' viens d'êtr' victim' de mon bon cœur,
      Ah !
Malgré qu' nous soyons en carême,
Rien n'est sacré pour un sapeur !
Malgré qu' nous soyons en carême,
Rien n'est sacré (*bis*) pour un sapeur !

Tout à l'heur' je r'çois la visite
De celui que j' dis mon cousin,
Et comm' de juste je l'invite
A prendr' quéqu'chose, un verr' de vin,
Mêm' que c'était du chambertin.   (*bis*.)
Il m' dit : — Ça se trouve à merveille,
J' vous obtempér' cette faveur,
      Ah !
Et puis il lich' tout' la bouteille ;
Rien n'est sacré pour un sapeur !
Et puis il lich' tout' la bouteille ;
Rien n'est sacré (*bis*) pour un sapeur !

Or, comme il avait le vin tendre,
De force il voulut m'embrasser,
J' n' crus pas d'voir trop m'en défendre
A seul' fin d' m'en débarrasser.
J' t'en fiche, il voulut r'commencer... (*bis.*)
Je dus subir la récidive,
Ce fut, hélas ! pour mon malheur,
      Ah !

J'eus beau lui dir' : V'là m'sieur qu'arrive,
Rien n'est sacré pour un sapeur !
J'eus beau crier : V'là m'sieur qu'arrive,
Rien n'est sacré (*bis*) pour un sapeur !

C' qui rend la chose plus fâcheuse,
C'est qu' monsieur qui prend tout à r'bours
S'est mis dans un' colère affreuse,
Et vient de m' donner mes huit jours,
C'est ainsi qu' ça finit toujours. (*bis.*)
Vous n'auriez pas besoin d'un' bonne,
J' f'rai votre affair', parol' d'honneur,
    Ah !
Car je n' recevrai plus personne,
Du moins, ça n' s'ra pas un sapeur,
Non, je n' recevrai plus personne,
Du moins, du moins, ça n's'ra pas un sapeur !...

La musique se trouve chez MM. Gambogi frères, éditeurs, 112, rue Richelieu, à Paris.

Extrait de l'ALMANACH DE LA JEUNE CHANSON FRANÇAISE, 2ᵉ année, 1865, contenant 52 romances et chansons en vogue, et illustré de 20 gravures par BERTALL, CHAM et Célestin NANTEUIL; Prix : 50 c. et 60 c. *franco*. Paris, chez les éditeurs BERNARDIN BÉCHET, libraire, 31, quai des Augustins, et L. VIEILLOT, 32, rue Notre-Dame-de-Nazareth.

LA LISETTE DE BÉRANGER

CHANSONNETTE

Chantée par Mlle DÉJAZET sur les principaux
théâtres de France.

Paroles et musique de feu Frédéric BÉRAT.

A BÉRANGER.

Enfants, c'est moi qui suis Lisette,
  La Lisette du chansonnier
Dont vous chantez plus d'une chansonnette
Matin et soir, sous le vieux marronnier.
Ce chansonnier dont le pays s'honore,
Oui, mes enfants, m'aima d'un tendre amour.
Son souvenir m'enorgueillit encore,
Et charmera jusqu'à mon dernier jour. (*bis*.)
  Si vous saviez, enfants,
  Quand j'étais jeune fille,

Comme j'étais gentille...
Je parle de longtemps.
Teint frais, regard qui brille,
Sourire aux blanches dents,
Alors, ô mes enfants, } bis.
Grisette de quinze ans, }
Ah! que j'étais gentille.

Vous parlerais-je de sa gloire?
Son nom des rois causait l'effroi.
Dans ses chansons se trouve son histoire :
Le monde, enfants, la connait mieux que moi.
Ce que je sais, moi, c'est qu'il fut sincère,
Bon, généreux, ange consolateur.
Oui, c'est assez de bonheur sur la terre,
Qu'un peu d'amour d'un aussi noble cœur (*bis*).
    Si vous saviez, etc.

Lui, qui d'un beau ciel et d'ombrages
    Avait besoin pour ses chansons,
Fidèle au peuple, il vengea ses outrages,
Et respira l'air impur des prisons.
Des insensés, qu'aveuglait leur puissance,
Juraient alors d'étouffer ses accents;
Mais dans les fers son luth chantait la France,
La liberté, Lisette et le printemps (*bis*).
    Si vous saviez, etc.

Un jour, enfants, dans ce village,
Un marchand d'images passant

Me proposa (Dieu l'envoyait, je gage),
De Béranger un portrait ressemblant,
J'aurais donné jusqu'à mes tourterelles;
Ces traits chéris, je les vois tous les jours.
Hier, encor, de pervenches nouvelles,
De frais lilas j'ai fleuri mes amours.
Hier, encor, j'ai fleuri mes amours.
    Si vous saviez, etc.

SAPRISTI!

COMM' ÇA FAIT DU BIEN!

Paroles d'Émile DURAFOUR.

AIR : *Du Testament d'un Garçon,*
ou : *Brigadier, vous avez raison* (G. NADAUD).

J'aime à vider une bouteille,
Comme l'avare aime son or;
Joyeux partisan de la treille,
Ma gaité seule est mon trésor.
Je nargue la mélancolie,
Je vis heureux et je n'ai rien.
Quand on mène joyeuse vie,
Sapristi! comm' ça fait du bien!   (*bis.*)

J'ai noblement servi la France,
J'ai combattu pour son honneur;
J'ai fait preuve de ma vaillance,
Suivant notre drapeau vainqueur.
On doit son sang à la patrie;
Pour elle j'ai versé le mien.
Quand c'est pour toi, France chérie!
Sapristi! comm' ça fait du bien!   (*bis.*)

Enfant de la vieille Bourgogne,
J'aime à chanter une chanson;
Vous devez lire sur ma trogne
Que je suis gai comme un pinson.
Quand un pauvre de moi s'approche,
Je compare mon sort au sien;
Dans ses mains je vide ma poche :
Sapristi! comm' ça fait du bien!   (*bis.*)

Je fis rencontre de Jeannette,
Passant hier au bois des houx :
« Pardon, lui dis-je, ma brunette,
Ai-je surpris ton rendez-vous? »
Dans ses yeux je lisais l'ivresse,
Son cœur avait compris le mien;
Alors sur mon sein je la presse :
Sapristi! comm' ça fait du bien!   (*bis.*)

ÇA FAIT TANT D' PLAISIR

ET ÇA COUT' SI PEU

CHANSONNETTE

Paroles de M. Arthur LAMY.

Musique de Charles POURNY.

Rentrant au hameau, Berthe la jolie,
Près du petit bois un beau soir passait.
Près du petit bois, sur l'herbe fleurie,
Gardant son troupeau, Lucas la guettait.
« L'amour, lui dit-il, de sa vive flamme
Consume mon cœur. Oh! cruel tourment!
Un tendre regard calmerait mon âme...
— Un tendre regard, non, monsieur, vraiment!

Non, monsieur, vraiment!
Grand' mèr' le défend. »
Mais la Charité veut que l'on s'entr'aide,
Aimer son prochain, c'est l'ordre de Dieu ;
Au cœur malheureux, quand on vient en aide,
Ça fait tant d' plaisir (*bis*) et ça coût' si peu.
Pour rendre à mon cœur le bonheur suprême,

Viens sous ces ormeaux t'asseoir près de moi ;
Si ta douce voix me disait : Je t'aime !
Je serais, crois moi, plus heureux qu'un roi.
Mais si, repoussant mon amour sincère,
Tu riais des maux du plus tendre amant,
Cet instant serait mon heure dernière.
Viens, je t'aime... viens ! — Non, monsieur,
[vraiment !
  Non, monsieur, vraiment !
   Grand' mèr' le défend.
Mais la Charité veut que l'on s'entr'aide, etc.

Pourquoi t'éloigner ? Ah ! de mon martyre
Veux-tu redoubler le supplice affreux ?
Pour mon pauvre cœur ton joyeux sourire
Semble bien plus doux qu'un rayon des cieux.
Puisqu'à ton amour je n'ose prétendre,
Berthe, laisse-moi cueillir seulement
Sur ton front si pur un baiser bien tendre...
— Un baiser ! grand Dieu ! non, monsieur, vrai-
  Non, monsieur, vraiment ! [ment !
   Grand' mèr' le défend.
Mais la Charité veut qu'ici je cède
Un baiser... prenez... Lucas en prit deux...
Aux cœurs malheureux quand on vient en aide
Ça fait tant d' plaisir (*bis*) et ça coût' si peu.

 La musique se trouve chez M. A. Huré, éditeur,
à Paris, rue Salomon de Caus, n° 4 (Square des
Arts et Métiers).

LE DERNIER AMOUR

Paroles de M. Auguste ALAIS.

Musique de M. A. MARQUERIE.

ou : AIR de *Demoiselle et grisette*.

C'est en vain que j'appelle à moi l'indifférence
Pour livrer à l'oubli l'amour que j'ai pour vous,
Amour qui me reporte à ces temps d'innocence
Où mes désirs étaient si naïfs et si doux.
Ces élans tout nouveaux que malgré moi j'é-
[coute,
De la voix et des yeux me font dire en ce jour :
Il ressemble au premier par les pleurs qu'il me
[coûte ;
Ne brisez pas mon cœur dans son dernier amour.

J'avais cru pour jamais mon âme refroidie
De ce feu qu'avec l'âge on ne remplace pas ;
Dans mes sens rallumant un nouvel incendie,
Hier, la main de Dieu me jeta sur vos pas.
Regardez la pâleur dont mon front se couronne.
Veuf de ses rêves d'or envolés sans retour,
Il ressemble au premier par l'espoir qu'il me donne ;
Ne brisez pas mon cœur dans son dernier amour.

Oui, semblable au premier, il m'offre le mélange
De mille impressions de joie et de douleur;
Les tourments du damné, les extases de l'ange,
S'y trouvent confondus dans une même ardeur.
Arbitre du pouvoir que par vous il m'impose,
Votre cœur pour le mien doit-il donc être sourd ?
Il ressemble au premier par le mal qu'il me cause;
Ne brisez pas mon cœur dans son dernier amour.

BÉRANGER

Air : *A soixante ans,* ou *Béranger et l'Académie.*

Au chansonnier la mort n'a point fait grâce,
Sur le vieillard elle a posé la main.
L'écho redit en pleurant dans l'espace
Le dernier vers de son dernier refrain. (*bis.*)
L'heure est venue où les Parques cruelles
D'un luth célèbre ont suspendu les sons : (*bis.*)
Ah! de ce luth, nous, les échos fidèles,
De Béranger répétons les chansons!

Fils de Paris qui l'aime et qui l'honore,
Il entendit, jadis, dans la cité,
Rugissement formidable et sonore,
Le premier cri de notre liberté!

L'éclair jaillit, le feu part, le fer brille,
Et de l'histoire apprenant les leçons,
Sur les débris des murs de la Bastille,
L'enfant rêveur méditait ses chansons.
Pauvre d'argent et léger de bagage,
Sans avenir, riche de son printemps,
Tel, pour la vie, il se mit en voyage :
Dans un grenier qu'on est bien à vingt ans!
Sans qu'un souci lui trouble la cervelle,
Il voit souvent son foyer sans tisons,
Sa montre en gage et Lisette infidèle ;
Il se console en faisant des chansons !

Sur des glaçons l'Empire a fait naufrage.
Les rois du Nord ont campé dans Paris ;
Des courtisans l'infâme persifflage
De nos héros insulte les débris.
Le chansonnier, fidèle à notre gloire,
De nos lauriers reverdit les moissons,
Et les proscrits sur les bords de la Loire,
A demi-voix répétaient ses chansons.

Sur cette terre, hélas ! où tout succombe,
Un jour le sort d'un grand coup le frappa ;
Lisette est morte, il la suit dans la tombe,
Nul ici bas ne le remplacera...
Mais, s'échappant du cercueil implacable,
Le verre en main lorsque nous l'évoquons,
A nos côtés il vient s'asseoir à table.
De Béranger répétons les chansons.   L. QUENTIN.

ROBINSON

Paroles de M. Armand LIOLAT.

Musique de M. Émile LOMBARD.

Depuis qu'au bois de Romainville
Un coup de hache a retenti,
Dévoilant le discret asile
Où Cupidon était blotti,
Le pauvre Amour a pris ses ailes
Et porté son tendre écusson
Au fronton des vertes tonnelles   ) bis.
Qui fleurissent à Robinson !   )
Qui fleurissent à Robinson !
Ah ! qu'il est bon, bon, bon, bon, bon,
Mirliton, mirliton, mirlitaine,
Ah ! qu'il est bon, bon, bon, bon, bon,
D'aller dîner à Robinson !

C'est un villageois ermitage
Où l'on respire en même temps
La clématite et le potage,
La côtelette et le printemps.
Sous la feuille, où la nappe est mise,
Court un harmonieux frisson,

Idylle que chante la brise } *bis.*
Aux amoureux de Robinson!
Aux amoureux de Robinson!
   Ah! qu'il est bon, etc.

Sur l'humble escalier en spirale,
Tour à tour s'élance en riant
La grisette sentimentale
Et l'intrépide étudiant.
S'il faut grimper par une échelle,
En revanche plus d'un garçon
Trouve dans les bras de sa belle } *bis.*
Le paradis à Robinson!
Le paradis à Robinson!
   Ah! qu'il est bon, etc.

Quoique le vin qu'on y débite
N'arrive pas du clos Vougeot,
Il fait pourtant oublier vite
Et la couture et le bachot.
Pour savourer l'âpre piquette,
Là, le buveur peut, sans façon,
Mettre le coude sur l'assiette, } *bis.*
On est sans gêne à Robinson!
On est sans gêne à Robinson!
   Ah! qu'il est bon, etc.

Quand Phœbus, ce peintre céleste,
Met du carmin à ses pinceaux,

La troupe descend vite et leste
Et va danser au bal de Sceaux.
Parfois, dans la nuit vaporeuse,
On entend de certain buisson
Sortir une plainte amoureuse } *bis.*
Sur la route de Robinson!
Sur la route de Robinson!
Ah! qu'il est bon, bon, bon, bon, bon,
Mirliton, mirliton, mirlitaine,
Ah! qu'il est bon, bon, bon, bon, bon,
D'aller dîner à Robinson!

La musique se trouve chez M. A. Huré, éditeur à Paris, 4, rue Salomon-de-Caus (Square des Arts et Métiers).

COMME AU VIEUX TEMPS

Paroles de M. Alphonse Muhr. — Musique de Jean Kettely

A M. A. DUPUY.

Au bon vieux temps plus sage et moins sévère,
Chacun disait aux noces sa chanson,
Mais aujourd'hui l'on ne chante plus guère
Et l'on s'ennuie à force de bon ton.
L'on ne vit plus en ce siècle trop prude;
Mais moi je fais au siècle... un pied de nez,

Je veux chanter. Change-t-on d'habitude
Lorsque l'on a quatre-vingts ans sonnés. (*bis.*)

Puis je soutiens, quoique le siècle en pense,
Que cet usage était bon sur tout point.
N'avait-il pas six mille ans d'existence ?
D'où je conclus qu'on ne s'en plaignait point.
Laisserons-nous se mourir de vieillesse
Cette gaîté qu'honoraient nos aïeux ?
Non, non, je veux retrouver ma jeunesse,
Le vin tout seul a le droit d'être vieux. (*bis.*)

Je m'en souviens, je m'étais dit naguères :
« Lorsque mon fils un jour se mariera,
« Je veux chanter comme chantaient nos pères,
« Je veux bénir la femme qu'il prendra. »
Mon espérance est plus que satisfaite,
Et quand déjà j'entrevois leur bonheur,
Pour observer une vaine étiquette,
Dois-je arrêter cet élan de mon cœur ? (*bis.*)

Heureux époux, moi qui suis votre père,
Dois-je parler ici de vos vertus ?
Les publier ce n'est point nécessaire,
Auprès de tous vos cœurs sont bien connus ;
Mes bons amis, si quelqu'un voulait faire
De cet éloge un crime à l'amitié,
Ce crime-là ne me pèserait guère,
Chacun voudrait en prendre la moitié. (*bis.*)

En rapprochant ce siècle-ci de l'autre,
J'en ai médit au profit du vieux temps ;
C'est qu'oubliant que ce siècle est le vôtre,
Je songeais trop à mes joyeux vingt ans.
Mais, chers enfants, je me hâte de dire
Que si l'on est moins gai, moins bon vivant,
En vous voyant aux lèvres ce sourire,
Je reconnais qu'on s'aime tout autant. (bis.)

La musique se trouve chez MM. E. Gérard et Cⁱᵉ, éditeurs à Paris, 1, rue de la Chaussée-d'Antin.

LE LOUVETIER

Paroles de M. E. Bourget, musique de M. Henrion.
La musique chez M. Colombier, édit., 6, rue Vivienne.

Gais louvetiers ! c'est jour de fête !
C'est grande chasse en la forêt ;
Bientôt, nos chiens seront en quête... } bis.
Allons, partons, car tout est prêt. }
Partons ! pif ! paf ! c'est jour de fête !
   Pif, paf, gare à nos coups.
Tayau ! tayau ! gare à la bête,
   A nous les loups !

Je suis grand louvetier du roi,
Et passé maître en vénerie ;

Jamais un loup n'a, devant moi,
Fait un pas sans perdre la vie !
Aussi, dès l'aube, au rendez-vous,
Je suis à la fontaine aux loups,
   Sonnant et chantant,
   Au loin répétant :
   ¹ Harloup ! v'la-ô !   (bis.)
   Gais louvetiers, etc.

Voici mon histoire en deux mots :
Dans les forêts de nos Ardennes,
J'étais un lieur de fagots,
Pauvre d'argent, riche de peine...
Mais quand j'apercevais un loup,
Il était mort du premier coup ;
   J'ai fait même un jour,
   Coup double à mon tour.
   Harloup ! v'la-ô !   (bis.)
   Gais louvetiers, etc.

Un jour, me voyant en forêt,
Le roi me dit : « Viens à Versailles. »
« Sire, hélas ! lui dis-je à regret,
« Là-bas, vous n'avez que des cailles...
« Sire, à Versailles, y songez-vous ?
« Toujours des cerfs, jamais de loups ;
   « Jamais de danger !

1. Terme de louveterie.

« Ni d'homme à venger. »
    Harloup ! v'la-ô !   (bis.)
Gais louvetiers, etc.

« Soit, je te fais grand louvetier ! »
Me dit le roi. « Par tes prouesses,
« Sache ennoblir ton beau métier,
« Tu peux compter sur mes largesses... »
En apprenant ça, de plaisir
Ma pauvre mère pensa mourir !...
    Depuis ce jour-là,
    Je chante oui-da :
    Harloup ! v'la-ô !   (bis.)
Gais louvetiers, etc.

LE DÉPART DES HIRONDELLES

MÉLODIE

Chantée par M. RENARD, de l'Opéra.

Paroles de M. E. VATINEL, musique de Paul HENRION.

Déjà l'automne assombrit la nature,
La froide brise, en passant dans les airs,
De nos bosquets emportant la parure,
Souffle en nos cœurs le frisson des hivers.

Mais dans ces lieux où vous portent vos ailes,
Pleurent, hélas! des amis désolés;
Ah!
Adieu, partez, gentilles hirondelles, ⎱ bis.
Allez revoir les pauvres exilés! ⎰
Les pauvres exilés!

Allez revoir ces enfants de la France,
A votre aspect que de maux vont finir!
Ah! si pour nous vous fûtes l'espérance,
Vous deviendrez pour eux le souvenir.
Ramenez-leur, messagères fidèles,
De leurs amours les rêves envolés.
Ah!
Adieu, partez, gentilles hirondelles, etc.

Adieu, partez, c'est le ciel qui vous crie :
Soyez là-bas un baume à leur douleur;
Soyez pour eux famille, espoir, patrie,
Soyez, enfin, le retour du bonheur.
Puissent vers eux s'échapper de vos ailes
Ces pleurs d'amour dont nos yeux sont voilés.
Ah!
Adieu, partez, gentilles hirondelles, ⎱ bis.
Allez revoir les pauvres exilés. ⎰
Les pauvres exilés!

La musique se trouve chez M. Colombier, éditeur, 6, rue Vivienne.

PYRAME ET THISBÉ

COMPLAINTE HISTORIQUE

Improvisée sur des documents fournis par l'aînée des filles de MINNÉE, qui *minée* par le chagrin d'être devenue *chauve sourit* à l'espoir d'être remétamorphosée.

Paroles de M. A. JOLY; musique de M. J. COUPLET.

OU : AIR : *Sur l'air du tra la la.*

A M. DUBOUCHET.

D'un ton larmoyant.
Dans le *Myrthe au logis*, on lit qu'un jeune amant,
Vacciné, pas trop laid, toujours mis proprement,
Fréquentait un' lingère, au nez grec, à l'œil noir :
Ils s'adoraient l'matin, ils se radoraient l'soir,
Chantons (*ter*) leur sort infortuné, } bis.
Pleurons (*ter*) sur Pyrame et Thisbé.

La maman de Thisbé, bouchèr' qui *faufilait*,
Avec le vrai filet, souvent du *faux filet*,
Haïssait Pyram' pèr', porteur d'eau *patenté*,
Qui d'aimer la bouchèr' ne l'était *pas tenté*!...
    Chantons, etc.

Mam' Thisbé dit un jour : Faut qu' t'ai' ben
         peu d'orgueil,
Pyram' fils, ô ma fille, en flânant te fait d' l'œil,
Et ça donn' dans le tien ! je veux que sans façon
Tu lui dises céans : *Vous n'ét's qu'un polisson !*...
   Chantons, etc.

L' mêm' soir, Mimi Thisbé, par le trou d'un vieux mur,
D'un vieux mur mitoyen, qui l'était beaucoup *mûr*,
Criait à son amant : *Je veux t'épouser... Na !*...
Faut qu' maman y consent', sinon *on la somm'ra !*...
   Chantons, etc.

Pyrame répondit : Ta mère est un grigou,
Qui n' peut pas me souffrir, vu que j'nai pas le sou,
         (Voix de femme.)
Veux-tu nous émigrer ? Partir ! ça va ! quand ? quand ?
Des cancans... j' m'en bats l'œil ! demain
         [fichons le camp !
   Chantons, etc.

A six heur's du matin, Thisbé, d'un pas peu sûr,
Un paquet sous le bras, franchissant le vieux mur,
Tout à coup : *Woup ! Woup ! Woup !* un gros
         [chien enchaîné
Sort pour lui faire un' nich' de sa nich', non mus'lé.
   Chantons, etc.

Elle fuit... sa voilett' tombe de son chapeau,
Le dogue sous ses pieds foule cet oripeau,

Puis sur un paillasson il se couche et s'endort.
Pyram' qu'était en r'tard ; ô sort... de chez lui
   Chantons, etc. [sort !...

Il ramass' la voilett', et s'arrachant les ch'veux ;
Il se dit à soi-même : *Ah ! je suis un fier gueux !*
Thisbé n'est plus, ce mur est trempé de son
         [sang,
J' crois voir son *chap'ron rouge !* Il dit et s' perc'
   Chantons, etc. [le flanc.

Thisbé qu'entend au loin s' n'amant qui gigotait,
Raccourt et dit tout bas : *C'est bét' mais c'est*
         [*ben fait !*
Il s'a-z-assassiné, Pyrame, nom d'un chien :
Ah ! t' as troué ton cœur ! Bon ! j' vas trouer le
   Chantons, etc. [*mien !*

Sitôt dit, sitôt fait ! Elle empoign' le tranch'lard
Qui venait de servir... en actric' du boul'vard,
Ell' se drape avec grâce... et se frappant *beau-*
         [*coup*
Dans l' creux de l'estomac, tranche ainsi son
   Chantons, etc. [*beau cou.*

Tous deux ouvrent un œil et contemplant *l'en-*
         [*clos,*
Murmur'nt en expirant : *V'là l'cours de nos*
         [*ans clos ;*

Adieu m'man, adieu p'pa, pleurez, pleurez, car on
Fut bien cruel, hélas !... Nous allons voir Caron !
  Chantons, etc.

AVIS AUX PÈRES QUI ONT DES ENFANTS.

O vous dont les enfants s'aim'nt pour le bon motif,
N' les contrariez pas trop, car il est positif,
Que si l' pauvre Pyrame (*v'là la moralité*)
Eût épousé sa belle, il s'rait *mort alité !...*
  Chantons (*ter*) leur sort infortuné,
  Pleurons (*ter*) sur Pyrame et Thisbé.

La musique chez L. Vieillot, 32, rue Notre-Dame-de-Nazareth.

Extrait de l'ALMANACH DE LA JEUNE CHANSON FRANÇAISE, 4e année, 1867, contenant 52 romances et chansons choisies dans les plus grands succès populaires, et illustré de 20 gravures par BERTALL, CHAM et Célestin NANTEUIL ; Prix : 50 c. et 60 c. *franco*. Paris, chez les éditeurs BERNARDIN-BÉCHET, 31, quai des Grands-Augustins, et L. VIEILLOT, 32, rue Notre-Dame-de-Nazareth.

CE QUI T'ALLAIT MIEUX

Paroles de Joseph Roux; musique de Charles Pourny.

Eh! quoi, c'est Suzanne qui passe
En ce ridicule oripeau!
Quoi! c'est elle qui se prélasse,
La plume au vent sur son chapeau!
Quand tu n'étais que paysanne,
Un bonnet gardait tes cheveux :
Ce bonnet t'allait mieux, Suzanne, ⎫
   Ce bonnet t'allait mieux,   ⎬ *bis.*
      Bien mieux! ⎭

Tes épaules étaient si belles,
Qu'on en parlait dans nos hameaux ;
Mais un lourd réseau de dentelles,
Aujourd'hui, les cache à propos.
Quand tu dormais sous le platane,
Un fichu te gardait des yeux :
Ce fichu t'allait mieux, Suzanne, ⎫
   Ce fichu t'allait mieux,   ⎬ *bis.*
      Bien mieux! ⎭

Cette robe de plusieurs brasses,
Qui balaye tout en passant,

Pauvre Suzanne, t'embarrasses
Et rend ton pas lourd et traînant.
Cet attirail de courtisane
T'a grisée de reflets soyeux :
La bure t'allait mieux, Suzanne,
   La bure t'allait mieux,   } *bis.*
      Bien mieux !

Je te vis sans coquetterie,
Chaussée de tes petits sabots,
Courant à travers la prairie,
En riant à tous les échos.
La mode à boiter te condamne
En des souliers plus gracieux :
Tes sabots t'allaient mieux Suzanne,
   Tes sabots t'allaient mieux,   } *bis.*
      Bien mieux !

Mais tes manières, je le pense,
Ont dû se transformer aussi ;
Oui, ces grands airs pleins d'arrogance
M'annoncent qu'il en est ainsi.
Déjà ton regard qui se fane
Grimace un sourire anxieux :
Ton franc rire était mieux, Suzanne,
   Ton franc rire était mieux,   } *bis.*
      Bien mieux !

La musique se trouve chez M. A. Huré, éditeur, à Paris, 4, rue Salomon-de-Caus (Square des Arts et Métiers).

PHILOSOPHIE

Air : *Amis, chez nous la gaité renaitra.*
(Béranger.)

La vie est un livre timbré
   Par la folie,
   Ou la mélancolie;
Par l'espérance il est doré,
Par le doute il est déchiré;
Que pour nous l'ouvre main jolie,
Jusqu'au moment où Dieu le fermera:
Heureux celui qui gaîment le lira! (*bis.*

Dépensons donc encor ce jour,
   Et qu'il s'envole
   En une gaîté folle;
Demain peut-être notre tour
Viendra pour le sombre séjour:
Que chacun de nous s'en console,
Qui vécut bien, calme s'endormira :
Heureux celui qui sans peur l'attendra!

A nous les délirants discours,
   L'ai qui mousse,

Et la rose qui pousse,
A nous la vie au joyeux cours,
Que tisse la main des amours,
A nous cette tâche si douce,
De lutiner Rose, Lise et Clara :
Heureux celui qui longtemps aimera !

A l'exemple de nos aïeux,
    Dont l'héritage
   Eut la vigne en partage,
Nous dont le destin fut comme eux
De naître pour vivre joyeux,
   Jusqu'à la fin faisons usage
De ce nectar dont Noé s'enivra ;
Heureux celui qui sans cesse boira !

Rapsodes du sacré vallon,
    Venez, prophètes,
   Poétiser nos fêtes,
Et de la mansarde au salon
Chantez quand souffle l'aquilon,
   Livrez-nous les chants que vous faites,
Au monde entier notre voix les dira ;
Heureux celui qui toujours chantera !

Ainsi chantaient loin des douleurs,
    Faces vermeilles
   Au milieu des bouteilles,
Ivres et le front ceint de fleurs,

Des fous aux yeux vierges de pleurs,
Lorsqu'une voix à leurs oreilles
Dit : « Au malheur qui de vous pensera?
Heureux celui qui le consolera! (bis.)

Auguste ALAIS.

GRANDES VÉRITÉS

A L'ORDRE DE TOUS LES JOURS

ET DE TOUS LES PAYS

Ouvrage plus moral qu'on ne pense,
extrait de cent mille et un volumes de politique,
philosophie, morale, physique, géométrie,
législation, économie rurale et domestique, etc., etc.

AIR : *Aussitôt que la lumière*

Oh! le bon siècle, mes frères,
Que le siècle où nous vivons!
On ne craint plus les carrières,
Pour quelques opinions.
Plus libre que Philoxène,
Je déchire le rideau :
Coulez, mes vers, de ma veine,
Peuples, voici du nouveau.

La chandelle nous éclaire ;
Le grand froid nous engourdit ;
L'eau fraîche nous désaltère,
On dort bien dans un bon lit.
On fait vendange en septembre ;
En juin viennent les chaleurs ;
Et quand je suis dans ma chambre,
Je ne suis jamais ailleurs.

Rien n'est plus froid que la glace ;
Pour saler il faut du sel.
Tout fuit, tout s'use, et tout passe !
Dieu lui seul est éternel.
Le Danube n'est pas l'Oise,
Le soir n'est pas le matin ;
Et le chemin de Pontoise
N'est pas celui de Pantin.

Le plus sot n'est qu'une bête ;
Le plus sage est le moins fou ;
Les pieds sont loin de la tête,
La tête est bien près du cou ;
Quand on boit trop on s'enivre ;
La sauce fait le poisson ;
Un pain d'une demi-livre
Pèse plus d'un quarteron.

Romulus a fondé Rome ;
On se mouille quand il pleut ;

Caton fut un honnête homme ;
Ne s'enrichit pas qui veut.
Je n'aime point la moutarde
Que l'on sert après dîné ;
Parlez-moi d'une camarde
Pour avoir un petit nez.

Quand un malade a la fièvre,
Il ne se porte pas bien ;
Qui veut courir plus d'un lièvre,
A coup sûr n'attrape rien ;
Soufflez sur votre potage,
Bientôt il refroidira ;
Enfermez votre fromage,
Ou le chat le mangera.

Les chemises ont des manches :
Tout coquin n'est pas pendu.
Tout le monde court aux branches
Lorsque l'abre est abattu :
Qui croit tout est trop crédule ;
En mesure il faut danser.
Une écrevisse recule
Toujours au lieu d'avancer.

Point de mets que l'on ne mange,
Mais il faut du pain avec ;
Et des perdrix sans orange
Valent mieux qu'un hareng sec.

Une tonne de vinaigre
Ne prend pas un moucheron ;
A vouloir blanchir un nègre
Le barbier perd son savon.

On ne se fait pas la barbe
Avec un manche à balai ;
Plantez-moi de la rhubarbe,
Vous n'aurez pas des navets.
C'était le cheval de Troie
Qui ne buvait pas de vin ;
Et les ânes qu'on emploie
Ne sont pas tous au moulin.

J'ai vu des cailloux de pierre,
Des arbres dans les forêts,
Des poissons dans la rivière,
Des grenouilles aux marais ;
J'ai vu le lièvre imbécile
Craignant le vent qui soufflait,
Et la girouette mobile
Tournant au vent qui tournait.

Le bon sens vaut tous les livres ;
La sagesse est un trésor ;
Trente francs font trente livres ;
Du papier n'est pas de l'or.
Par maint babillard qui beugle
Le sourd n'est point étourdi ;

Il n'est rien tel qu'un aveugle
Pour n'y voir goutte à midi.

Ne nous faites pas un crime
De ces couplets sans façon :
On y trouve de la rime
Au défaut de la raison.
Dans ce siècle de lumières,
De talents et de vertus,
Heureux qui ne parle guéres,
Et qui ne pense pas plus.

ARMAND CHARLEMAGNE.

L'ARABE ET SON COURSIER

Musique de F. BELLET.

AIR : *Votre cœur m'est fermé.*

O voyageur ! partage ma tristesse,
Mêle tes cris à mes cris superflus.
Il est tombé, le roi de la vitesse !
L'air des combats ne le réveille plus.
Il est tombé dans l'éclat de sa course,
Le trait fatal a tremblé sur son flanc,
Et les flots noirs de son généreux sang

Ont altéré le cristal de la source.
Voix du désert, redis au loin mon deuil,
L'ami du brave est au fond du cercueil.

Du meurtrier j'ai puni l'insolence ;
Sa tête horrible aussitôt a roulé.
J'ai dans son sang désaltéré ma lance,
Et sous mes pieds je l'ai longtemps foulé ;
Puis, contemplant mon coursier sans haleine,
Je l'enlevai d'un bras mal affermi,
Et je revins, triste, et portant l'ami
Qui tant de fois me porta dans la plaine.
Voix du désert, etc.

Depuis ce jour, tourment de ma mémoire,
Nul doux soleil sur ma tête n'a lui ;
Mort au plaisir, insensible à la gloire,
Dans le désert je traîne un long ennui.
Cette Arabie, autrefois tant aimée,   [beau ;
N'est plus pour moi qu'un morne et grand tom·
On me voit fuir le sentier du chameau,
L'arbre d'encens et la plaine embaumée.
Voix du désert, etc.

Sous l'œil du jour, quand la soif nous dévore,
Il me guidait vers le fruit du palmier ;
A mes côtés, il combattait le Maure,
Et sa poitrine était mon bouclier.
De mes travaux, compagnon intrépide !

Fier et debout dès le réveil du jour,
Aux rendez-vous et de guerre et d'amour,
Tu m'emportais, semblable au vent rapide.
Voix du désert, etc.

Tu vis souvent cette jeune Azéïde,
Trésor d'amour, miracle de beauté;
Tu fus vanté de sa bouche perfide,
Ton cou nerveux de sa main fut flatté.
Plus douce était que la tendre gazelle,
Le haut palmier brillait de moins d'appas;
D'un beau Persan elle suivit les pas,
Toi seul, ami, tu me restas fidèle.
Voix du désert, etc.

Entends du moins ton maître qui te pleure.
Il te suivra; réunis dans la mort,
Couchés tous deux dans la même demeure,
Nous dormirons aux sifflements du nord.
Tu sortiras de la tombe poudreuse,
Et sous ton maître au jour du grand réveil,
Tranquille et fier, dans les champs du soleil,
Tu poursuivras ta route lumineuse.
Voix du désert, etc.

MILLEVOYE.

LA QUÊTEUSE

ou

POUR LES PAUVRES, S'IL VOUS PLAIT ?

ROMANCE

Chantée par M. PONCHARD, aux concerts
du *Ménestrel*.

Paroles de M. G. LEMOINE, musique de Mlle L. PUGET.
La musique chez MM. HEUGEL et Cⁱᵉ, 2 bis, rue Vivienne.

Avez-vous connu Fanchette,
La filleule du Seigneur,
Qui, les jours de grande fête,
Allait quêter pour le malheur ?
Ah ! qu'elle était joliette,
Frais minois, et blonds cheveux !
Et chacun nommait Fanchette,
La quêteuse aux jolis yeux ;
   Ah ! ah ! ah !
Jamais on ne refusait,
   Ah ! ah ! ah !
Quand sa douce voix disait :

A Fanchette,
Pour la quête,
Donnez, donnez sans regret,
Nobles dames,
Bonnes âmes,
Pour les pauvres, s'il vous plaît !

Un beau jour, elle s'arrête
A la porte d'un castel,
A frapper elle s'apprête,
En invoquant tout bas le ciel ;
Mais à sa voix suppliante
L'intendant répond soudain :
« Vite hors d'ici, mendiante !
Et passez votre chemin. »
Ah ! ah ! ah !
Ah ! combien elle tremblait,
Ah ! ah ! ah !
Et pourtant sa voix disait :
A Fanchette, etc.

Sous les pleurs brillaient ses charmes :
Le seigneur passe en ces lieux,
Quoi ! l'on fait couler tes larmes,
O ma quêteuse aux jolis yeux !
Mais de ce riche domaine,
Le témoin de ta douleur,
Je veux que tu sois la reine,
Toi la reine de mon cœur !

Le lendemain, à l'église,
Les pauvres avaient de l'or,
Car la nouvelle marquise
A sa cour disait encor :
   A Fanchette,
   Pour la quête,
Donnez, donnez sans regret,
   Nobles dames,
   Bonnes âmes,
Pour les pauvres, s'il vous plaît!

LA PREMIÈRE BARBE D'UN AUVERGNAT

Paroles et musique de M. MAYER.

Pour ma p'tit' cougine,
Qu'on mariait un beau matin,
   J' dis cheur Catherine,
Donn'-moi tout c' que j'ai d' plus fin;
   Au diable la veschte
Et les habits d' tous les jours,
   J' veux pour chette feschte
Mes habits d' noche en velours.

(*Parlé.*) Finalement, je n'étais pas deschendu dechus la place que j'aperçois le piqui Carcagneux ; d'auchitôt qu'y me voit, y me chaute au cou, y m'embrache, je l'embrache, nous nous embrachons toutes les deusses... Pierretou! qui me crie, on ne marie pas sa cougine tous les jours; chi tu veux, nous j'allons nous faire rager la barbe?... — Rager, que je yi dis, je ne le chuis jamais été, mais ch'est égal, tiou!... va pour la mécagnique du rageoir, d'autant plus que j'ai une barbe comme un bouc; mais à une condichion!... — Laquelle? — Ch'est que nous j'irons nous faire rager par la perruquetière du faubourg Chaint-Dinis-hi!!... — Cha y est...

Pour ch'arrangea,   (*bis.*)
Ch'accomoda,
N'y a qu' les Auvergnats... tiou!
N'y a qu' les Auvergnats.

Nous partons bien vite,
Carcagneux m'dit en chemin :
J' te joue ça tout d' suite,
A pair ou non dans la main ;
Y prend dans sa poche
Cinq ou six gros sous tout ronds,
Surtout pas d' reproche
Qui m' dit pair ou non, réponds.

(*Parlé.*) Condichionnellement, comme Carcagneux il est de chon estat mécanichien, je me méfiais de lui. Pair! que je y dis. (Il ouvre la main.) Crrr! j'avais gagna. Nous j'entrons donc chez les époux Moustagnia, le perruquetier du faubourg Chaint-Dinis, et je m'achois sur un beau fauteuil en velours qu'on aurait dit d'un bon cagnapé, et, finalement, voilà madame Moustagnia la perruquetière, qui me met une cherviette au cou et qui commenche à me pâcher la main chous le menton. (Il fait le simulacre de se mettre du savon sur la figure.) Crrr... cha me fegeait un effet!... trrr!!... et cha main qui allait, qui revenait, qui me glichait sur la pomme des dents!... Fouchtrrr... que je y dis, je préfère attendre monchieur Moustagnia.

Pour ch'arrangea, etc.

La bell' perruq'tière rit*
Tout plein de m' voir ainsi,
  Mais moi je préfère
Attend' monchue son mari.
  De chuite ell' me poje
L' plat à barb' sus les genoux,
  Cha chentait la roje
Auchi bon qu' la soupe aux choux.

(*Parlé.*) (Flairant.) Je chentais la mousse que madame Moustagnia m'avait mis dechur la figure, que cha chentait bon comme de la vanille, que cha chentait bon comme tout. Mais cha ne peut pas j'être mauvais, que je me dis (il passe sa langue sur ses lèvres pour manger la mousse du savon), d'autant plus que madame Moustagnia vient de me mettre une cherviette, ch'est donc pour manger? et monchieur Moustagnia qui ne revient pas. (Il se lèche toujours les lèvres.) Finalement, je mange le rechte; que voulez-vous que je vous dise? je mange tout le rechte... Comme je finichais, voilà monchieur Moustagnia qui arrive pour me fignir de rager : il commenche à chercher dans le plat à barbe. — Et ouche qu'est le savon?... — Vochtre savon? (Il cherche.) Je ne le connais pas... — Mais qu'êche que vous j'avez fait de ce qui était dans che plat?... — Dans che plat? je me le suis mangea... — Mangea, qui m' dit, vous me l'avez mangea!... Y en avait pour chinq barbes à trois chous, cha fait quinje chous que vous j'allez me donner tout de chuite. — Je ne vous donnerai rien du tout... Vous me prenez donc pour un imbécile parce que je suis un Auvergnat?... vous croyez peut-être que je ne me chuis pas aperchu que vous trompez le monde... de me

vouloir faire la barbe avec de la confiture!...
Là deschus je chaute sur lui, en le prenant par le chifflet, et je y dis : Ah! fouchtrrra!!!... je vas t'echtrangouya, et ch'est che qui cherait arrivé chans Carcagneux qui m'a retenu... J'en aurais fait une bonne riffaille quillevaille la motredouille, nepfait de bonne riffaille, nepfait de crompa doubjygroschi, fouchtrrrr!!!...

   Pour se cogna,   (bis.)
   Se bouscula,
  N'y a qu' les Auvergnats... tiou!
  N'y a qu' les Auvergnats.

La musique se trouve, à Paris, chez Mme veuve Paté, 47, éditeur, rue Lafayette.

LE CHAMPAGNE ET LES CHANSONS

Paroles de M. A. LAMY.

Air de la chanson de Valentin (DIANE DE LYS).

Jadis, j'ai lu dans un livre,
Quand j'apprenais mes leçons :
Que nous faut-il pour bien vivre?
Du bon vin et des chansons.
(*Parlé.*) Garçon! — Boumm!
Vite, apporte du champagne,
Pour égayer ma chanson,
Ah! ah! ah! vite, garçon,
Verse, verse du champagne,
Du champagne à plein flacon.

Il est de bien bonnes choses
Dans la vie assurément;
Mais, si l'on y veut des roses,
Il faut l'arroser souvent.
(*Parlé.*) Garçon! — Boumm!
Vite, apporte, etc.

D'une gaudriole fraîche
Les refrains, quoique jolis,
Sortant d'une gorge sèche
Ont l'air d'un *De profundis*.
(*Parlé.*) Garçon ! — Boumm !
Vite, apporte, etc.

Ce vin chasse la tristesse
Et les soucis tracassiers ;
On oublie, en son ivresse,
Tout... jusqu'à ses créanciers.
(*Parlé.*) Garçon ! — Boumm !
Vite, apporte, etc.

Sur nos yeux, faisant merveilles,
Il met de riants rideaux :
Quand j'ai bu quatre bouteilles,
Je vois tous les hommes beaux.
(*Parlé.*) Garçon ! — Boumm !
Vite, apporte, etc.

Mille fois depuis l'histoire
Ces couplets ont été dits ;
Mais les refrains qui font boire
Seront toujours applaudis.
(*Parlé.*) Garçon ! — Boumm !
Vite, apporte, etc.

La musique se trouve chez L. Vieillot, éditeur,
à Paris, 32, rue Notre-Dame-de-Nazareth.

MADELINE

MÉLODIE

Chantée par M. RENARD, de l'Opéra.

Paroles de M. Édouard PLOUVIER;
Musique de M. RENARD, de l'Opéra.

A NOTRE AMI LUDOVIC VIEILLOT.

Quand je vis Madeline
Pour la première fois,
Je montais la colline,
Elle sortait du bois;
En coiffe des dimanches,
En jupe et guimpe blanches,
Elle allait sous les branches :
    Que les beaux jours
    Sont courts !
        } bis.

Pour descendre au village
Le terrain fait un pli;
Mais la veille un orage
D'eau l'avait tout rempli.

Souriante et légère,
Je l'enlevai de terre;
Elle me laissait faire...
Que les beaux jours
　　Sont courts!

A la brune où décline
Le soleil sous les bois,
Quand je vis Madeline
Pour la seconde fois,
C'était le soir de fête
Où dans la vigne on fête
La vendange bien faite...
Que les beaux jours
　　Sont courts!

Elle quitta la danse
Pour venir m'inviter;
J'ai le cœur, quand j'y pense,
Toujours prêt d'éclater!
On chantait à la ronde,
Lorsque l'aurore blonde
Dispersa tout le monde...
Que les beaux jours
　　Sont courts!

Quand je vis Madeline
Pour la dernière fois,
Ses mains dans sa poitrine

Semblaient entrer la croix;
Et comme le dimanche
Elle était toute blanche,
Ainsi qu'un lis qui penche...
Que les beaux jours
    Sont courts!

Ce fut sa nuit dernière,
Je reçus sanglotant
Sa suprême prière,
Tandis qu'au même instant
Le Ciel sur toutes choses
Versait des rayons roses,
Et réveillait les roses...
Que les beaux jours   } *bis.*
    Sont courts!

La musique se trouve chez L. Vieillot, éditeur, 32, rue Notre-Dame-de-Nazareth.

L'HONNEUR ET L'ARGENT

Paroles d'Arthur LAMY; musique de Charles POURNY.

Deux pouvoirs ici-bas se disputent le monde,
Implacables rivaux, c'est l'honneur, c'est l'argent ;
L'un envoyé du ciel, en sa bonté féconde,
Et l'autre du démon le plus puissant agent.
A l'orgueil enrichi l'infortune est suspecte,
Et l'on n'est plus qu'un sot dès qu'on est indigent,
    Dès qu'on est indigent.
L'honneur c'est un grand mot qu'en riant on respecte, } *bis.*
Mais l'argent c'est un dieu, dans ce siècle d'argent.

Honneur, tel est le cri qui doucement caresse,
Au début de la vie, un jeune et noble cœur ;
Mais arrive bientôt la soif de la richesse,
Entraînant avec elle et mensonge et douleur.
On veut gagner beaucoup, qu'importe la manière,
Si l'on a réussi, le monde est indulgent,
    Le monde est indulgent.
Pendant que de l'honneur la loi guidait Homère,
Judas vendait son Dieu trente deniers d'argent.

Rosine aime Julien, et d'un amour sincère.
Julien veut, en retour, assurer son bonheur ;

Le cœur rempli d'espoir, il la demande au père.
— Qu'avez-vous? dit le vieux. — Mon courage et
[l'honneur !
— L'honneur, mon jeune ami, déplorable ressource.
Excusez de ma part un refus affligeant,
　　　Un refus affligeant.
L'honneur n'est pas coté dans le cours de la Bourse.
Sur l'honneur un banquier ne prête pas d'argent.

Voyez passer là-bas ce cortége funèbre,
Qu'au séjour du repos la charité conduit ;
C'est un ancien banquier, à la Bourse célèbre,
Dont les brillants salons regorgeaient chaque nuit.
Vint un revers fatal, terribles représailles ;
Honnête homme, il paya ; puis mourut indigent,
　　　Puis mourut indigent.
Aucun de ses amis ne suit ses funérailles,   ⎫
Victime de l'honneur, il est mort sans argent. ⎬ *bis.*

L'honneur toujours vivra, malgré la lutte immense
Que lui livre partout l'égoïsme éhonté,
Et, terrassant l'argent, par sa sublime essence
L'honneur seul peut, un jour, sauver l'humanité.
Pourtant que de bienfaits on verrait sur la terre,
Pour les cœurs généreux quel triomphe éclatant,
　　　Quel triomphe éclatant !
Que d'exploits de grandeurs, si la même ban- ⎫
　　　　　　　　　　　　　| nière ⎬ *bis.*
Réunissait enfin et l'honneur et l'argent !   ⎭

　La musique se trouve chez M. A. Huré, éditeur,
à Paris, 4, rue Salomon-de-Caus (Square des Arts
et Métiers).

LES PARISIENS

Pastorale chantée
par M. ISMAEL, au grand théâtre de Rouen,

et par
Mlle THÉRÉSA, aux soirées lyriques de l'Alcazar.

Paroles de Charles COLMANCE,
Musique de Joseph DARCIER.

A ALPHONSE DUCHENNE.

Allons, Gertrude, attèl' Cocotte,
J'allons filer jusqu'à Paris,
　　Ramass' tes choux flétris,
　　Tes bouquets défleuris,
Mets tes fruits gâtés dans ta hotte,
Si t'as d' la plac' four's y les miens,
Ça s'ra bon pour les Parisiens,
Si t'as d' la plac' four's y les miens,
Ça s'ra bon, oui, très-bon, pour les Parisiens.

　Ma vieill' faut penser à nos vaches,
　Donn' leur tes légum's les plus beaux,

Tes navets les plus gros,
Tes pois les plus nouveaux !
N'emport' que ceux-là qu'ont des taches,
Tout c'que j'ons d'mauvais, j't'en préviens,
Ça s'ra bon pour les Parisiens,
Tout c' que j'ons d'mauvais, j't'en préviens,
Ça s'ra bon, oui, très-bon, pour les Parisiens.

J' possédons un p'tit lopin d' terre
Qui contient un' perch' tout au plus,
  Ça n' vaut pas dix écus,
  Mais j' vons bâtir dessus
Un parc, un chalet, un parterre :
D' notr' étable i's s'ront mitoyens ;
Ça s'ra bon pour les Parisiens,
D' notr' étable i's s'ront mitoyens,
Ça s'ra bon, oui, très-bon, pour les Parisiens.

Foi d' Giroux, d' la dernièr' vendange
I n' me reste pas un tonneau,
  Mais avec un tiers d'eau,
  Et d' la grain' de sureau,
J'ai rempli mes fûts en vidange
Grâce au baptême i's sont chrétiens,
Ça s'ra bon pour les Parisiens,
Grâce au baptême i's sont chrétiens,
Ça s'ra bon, oui, très-bon, pour les Parisiens.

J'ons cheux nous ma p'tit' niéce Lucile
Qui file un bien vilain coton ;
  On craint un rejeton,
  Ça s' voit déjà, dit-on.
J'la mari'rons dans la grand' ville,
Chacun cherche à caser les siens,
Ça s'ra bon pour les Parisiens,
Chacun cherche à caser les siens,
Ça s'ra bon, oui, très-bon, pour les Parisiens.

Monsieur l' maire qu'est la crème des hommes,
  A mis tous leux forfaits à prix,
  Vingt sous pour un radis,
  Trois francs pour du cassis.
Quant à ceux-là qui gaul'nt nos pommes,
L' violon n'est pas fait pour les chiens,
Ça s'ra bon pour les Parisiens.
L' violon n'est pas fait pour les chiens,
Ça s'ra bon, oui, très-bon, pour les Parisiens.

Cette chanson est extraite des œuvres complètes de Charles Colmance, très-beau volume grand in-18. Prix : 3 fr. et 3 fr. 50 c. *franco* par la poste. En vente chez L. Vieillot, éditeur, 32, rue Notre-Dame-de-Nazareth.

SI LES FLEURS PARLAIENT!

MÉLODIE

Chantée par M. V. Didier aux soirées lyriques
du palais Bonne-Nouvelle.

Paroles de M. V. Jacquart, musique de M. J. Couplet.

Sur ce chemin, pauvre belle égarée,
Qui t'a jetée ou t'oublia, dis-moi?
Petite fleur, faite pour être aimée,
Qui t'a cueillie et ne veut plus de toi?
De ton destin, je cherche en vain les causes,
Rien ne m'éclaire, hélas! rien, et tu meurs!
En vérité l'on saurait bien des choses,
Si le bon Dieu faisait parler les fleurs.
En vérité l'on saurait bien des choses,
Si le bon Dieu (*bis.*) faisait parler les fleurs.

Vierge des prés, j'aime une blonde fille
Au regard pur comme ton front vermeil;
C'est elle, oh! dis, pâquerette gentille,
Qui ce matin a troublé ton sommeil?
Pour se parer, ses mains blanches et roses,
Tout, n'est-ce pas, enlevée à tes sœurs?
En vérité, etc.

Si c'était elle, ô ma chère petite,
Dans ses cheveux tu brillerais encor,
Et puis à l'heure où le soir on se quitte,
Tu deviendrais mon bien-aimé trésor.
Mais ce ruban sur lequel tu reposes
Vient d'éveiller mes jalouses terreurs.
En vérité, etc.

Mais voici Berthe, et son joli sourire
Me rend la foi prête à m'abandonner ;
Petite fleur, garde-toi de lui dire
Ce qu'en tremblant j'ai pu te demander.
Mais qu'ai-je à craindre ? Ah ! le ciel eut ses causes
En vous privant de sons révélateurs..... (ses
En vérité, etc.

La musique chez L. Vieillot, 32, rue Notre-Dame-de-Nazareth.

GAGE MENTEUR

Paroles de madame Élie DÉLESCHAUX.
Musique d'Adolphe VAUDRY.

Gage menteur d'une éphémère flamme,
Portrait fatal où tout est gracieux,
J'ai dû trouver sous tant d'attraits une âme

Car en tout temps l'ange a fait croire aux cieux
Mais sois maudite, ô fille de la terre !
Toi qui marie à l'amour la douleur.
Triste réveil, qui me fais solitaire, ⎫
Ouvre mes yeux et referme mon cœur. ⎭ *bis.*

Ce médaillon, gage de l'infidèle,
Que je gardais comme on garde un trésor,
Dois-je le rendre ? Oh ! non, car la cruelle
En d'autres mains le remettrait encor.
Muet témoin d'amour et de mystère,
Non de t'avoir nul n'aura la faveur.
Triste réveil, qui me fais solitaire,
Ouvre mes yeux et referme mon cœur.

Jalouse-moi, toi qui me l'as ravie,
Elle m'aima j'en atteste ce don ;
Si son amour est aujourd'hui ta vie,
Crains pour demain, crains pareil abandon !
Débris vivants, feux éteints d'un cratère,
Dernier parfum dont j'ai perdu la fleur.
Triste réveil, qui me fais solitaire,
Ouvre mes yeux et referme mon cœur.

La musique chez L. Vieillot, 32, rue Notre-Dame-de-Nazareth.

LA BYZANTINE

Paroles de M. Édouard PLOUVIER.

Musique de M. P. HENRION.

Enfant, ne pleure plus, apaise tes alarmes,
Là-bas reconnais-tu notre joyeux vaisseau ?
Mon amour a surpris le secret de tes larmes.
Tu souriras encore au ciel de ton berceau...
Partons ! la mer est douce à des amours fidèles ;
Suivons vers l'Orient le vol des hirondelles ;
    Suivons, suivons le vol des hirondelles !

Ton front, comme une fleur, se penchait vers la
                                   [terre,
Tu mourais lentement sous notre froid soleil ;
Et quand je te laissais, rêveuse et solitaire,
Tes yeux cherchaient la vie à l'horizon ver-
                                     [meil...
Partons ! la mer est douce, etc.

Comme ton cœur va battre en revoyant Byzance !
Tu vas te croire, enfant, au réveil d'un beau jour ;
Tu souris, et tes yeux rayonnent d'espérance !
Ah ! dans tout ce bonheur garde-moi ton amour.
Partons ! la mer est douce à des amours fidèles ;

Suivons vers l'Orient le vol des hirondelles ;
Suivons, suivons le vol des hirondelles !

La musique chez M. Colombier, éditeur, 6, rue Vivienne.

AH! QU' C'EST BÊTE!

RONDE BURLESQUE ET POPULAIRE

Chantée par M. CABEL.

Paroles de MM. F. Baumaine et H. Blondeau.
Musique de Léopold Bougnol.

(Au moment où la musique du couplet commence, portant la main à la poche du portefeuille et d'une voix inquiète.) Ah!... Il me semble pourtant que je l'avais mise là... je me serai trompé sans aucun doute... (Il fouille dans ses autres poches.) Je l'aurai placée dans celle-ci.... dans celle-là non plus!... Ah! mais c'est trop désagréable! Comment faire?... (Toujours très-embarrassé.) Je vous demande... mille pardons, mesdames, ainsi qu'à vous, messieurs... Si je me vois obligé de me retirer, sans m'être fait entendre... Mais vous savez... mon peu de mémoire... ma légèreté... mes vingt-cinq ans... et puis, enfin, c'est une chose qui peut arriver à tout le monde. Vous comprenez, je mets ma chanson là, et puis, crac, je ne la trouve plus!... Je regrette seulement... (tout en se retirant) de m'être glissé maladroitement dans une telle position... Ce sera pour demain soir, voilà tout!... (Il sort de scène. On entend un grand éclat de rire au dehors. Il entre tenant son chapeau d'une main, et de l'autre sa chanson pliée en quatre, toujours en riant.) Ah! elle est bonne la charge, faut-il être étourneau, mon Dieu! faut-il être étourneau! Je l'ai retrouvée, ma chanson; savez-vous où elle était nichée?... Dans la coiffe de mon chapeau... Je l'avais mise là pour qu'elle ne me sortît pas de la tête!... (Il part d'un nouvel éclat de rire. S'adressant au souffleur après avoir pris son sérieux.) Monsieur! (Plus fort.) Monsieur! (Criant.) Monsieur!... Vous me demandez pourquoi je crie, mais vous dormez malheureux! Dites donc, voulez-vous me souffler cette petite machine-là... Oui, alors allons-y gaîment. (A l'orchestre.) Et maintenant, messieurs de l'orchestre, en avant la musique, et du nerf au refrain. (Au chef d'orchestre.) Quant à vous!... et à votre piano : *Allez-Gros*.

Croire aux mensong's d'un' réclame,
Ne jamais avoir d'argent,

Garder toujours la mêm' femme!
Ne s' griser qu'un' fois par an...
    Ah! qu' c'est bête!   (bis.)
Et dir' qu'on voit d' ces chos's-là.
    Pour êtr' bête,
    Je l' répète,
Ah! qu' c'est donc bête!...
    Oh! la, la!
Quand on est près d'un' fillette
Dont les yeux veul'nt dir' beaucoup,
Ne pas lui conter fleurette,
Ne pas lui... sauter au cou.
    Ah! qu' c'est bête! etc.

Rencontrer deux sergents d' ville
Qui cherchent un malfaiteur,
Les suivr' comme un imbécile,
Et êtr' pris pour le voleur.
    Ah! qu' c'est bête! etc.

Un monsieur fait un' boulette
Pour le chien de son portier,
Il y goût', puis il la jette...
C'est lui qui meurt le premier.
    Ah! qu' c'est bête! etc.

L'an dernier ma tante est morte,
Hier, son vieux pharmacien
Me demand' comment ell' s' porte.
Moi, j' lui réponds qu'ell' va bien.
    Ah! qu' c'est bête! etc.

Ce matin rue d' l'Estrapade,
J' fais la rencontr' d'un ami,
Après trois heur's de prom'nade,
J' m'aperçois que c' n'est pas lui.
  Ah! qu' c'est bête! etc.

D'un' lot'rie l' cinq cent trente-quatre
Me fait gagner le gros lot,
Pour toucher, j' fil' quatre à quatre,
En rout' j' perds mon numéro.
  Ah! qu' c'est bête! etc.

Craignant que la pluie m' transperce,
J'emporte mon en tout cas;
Quand j'ai reçu tout' l'averse,
J' m'aperçois que j' l'ai sous l' bras.
  Ah! qu' c'est bête! etc.

Après un' tell' balançoire,
Pour prix d' mon p' tit boniment,
J' parierais bien qu' l'auditoire
Va m'adresser c' compliment :
  Ah! qu' c'est bête!   (bis.)
Peut-on chanter d' ces chos's-là.
    Pour êtr' bête!   (bis.)
    Je l' répète,
  Ah! qu' c'est donc bête!...
    Oh! la, la!

La musique se trouve, à Paris, chez M. Challiot, éditeur, 376, rue Saint-Honoré.

ENFANTS, N'Y TOUCHEZ PAS

ROMANCE

Chantée par M. ALEXIS DUPONT.

Paroles de M. HIPPOLYTE GUÉRIN.

Musique de Clapisson.

Du nid charmant caché sous la feuillée,
Cruels petits lutins à la mine éveillée,
Du nid charmant caché sous la feuillée,
Hélas ! pourquoi faire ainsi le tourment ?
   Ce nid, ce doux mystère,
   Que vous guettez d'en bas,
   C'est l'espoir du printemps,
   C'est l'amour d'une mère :
   Enfants, n'y touchez pas ! (*bis.*)

Qui chantera Dieu, la brise et les roses,
Méchants, si vous tuez ces jeunes voix écloses ?
Qui chantera Dieu, la brise et les roses ?
Autour de vous tout s'en attristera.
   Ce nid, etc.

Dieu seul a droit sur tout ce qui respire :
Ne pouvant rien créer, il ne faut rien détruire ;
Dieu seul a droit sur tout ce qui respire,
Beaux maraudeurs, prenez garde, il vous voit.
  Ce nid, etc.

Laissons, laissons les bouquets à leur tige,
A l'air qu'il réjouit l'insecte qui voltige ;
Laissons, laissons les bouquets à leur tige,
Aux bois leur ombre et les nids aux buissons.
  Ce nid, etc.

La musique se trouve, à Paris, chez L. Vieillot, éditeur, 32, rue Notre-Dame-de-Nazareth.

ELLE ME PLEURERA

TESTAMENT

Chanté par M. RENARD, de l'Opéra.

Poésie et musique de Sixte DELORME.

Çà, notaire, écrivez : Dans certaine vallée,
J'ai, s'il m'en souvient bien, quelques arpents de bois ;
Une blanche maison, du village isolée,
Où, quand Lise m'aimait, nous allions quelquefois ;
Joignez-y mon verger, près de la vieille église,
Et mon jardin qui touche à l'asile des morts,
Tous ces biens, je les donne à l'infidèle Lise !

Que ce bienfait lui soit un éternel remords !
Et lorsque la douleur aura brisé sa vie,
Aimante et dédaignée, son cœur se souviendra ;
Moi seul je renaîtrai dans cette âme engourdie,
Mon cœur a tant pleuré, qu'elle me pleurera.

Vous la reconnaîtrez à la large blessure
Que je lui fis au front, quand elle me quitta.
Elle étale aujourd'hui quelque riche parure,
Quelques bijoux brillants que sa honte acheta.
Chaque soir, elle a l'air d'une folle bacchante,
Mais mon nom dans son cœur brille en lettres de feu !
Dites-lui que je meurs ! dites-lui qu'elle chante...
Un air d'enterrement, car je retourne à Dieu !
Et lorsque la douleur, etc.

Au milieu d'un festin n'allez pas la surprendre ;
De mon dernier adieu l'infidèle rirait !
Cet adieu, sans pâlir elle pourrait l'entendre :
Par delà le tombeau mon âme en frémirait !
Par un matin brumeux, portez-lui la nouvelle,
Et, si vous la voyez s'émouvoir un instant,
Dites-lui qu'en son deuil elle sera plus belle !
Toute femme est coquette, et ma Lise l'est... tant !
Et lorsque la douleur aura brisé sa vie,
Aimante et dédaignée, elle se souviendra ;
Moi seul je renaîtrai dans cette âme engourdie,
Mon cœur a tant pleuré, qu'elle me pleurera.

La musique se trouve chez M. Choudens, éditeur,
265, rue Saint-Honoré, à Paris.

L'HISTOIRE DE FRANCE

RONDEAU

Paroles de M. Auguste JOUHAUD.

AIR : *Ne raillez pas la garde citoyenne.*

Je veux ici de ce pays de *France*
Dont chaque ville offre un beau souvenir,
Vous rappeler l'histoire qui, je pense,
Pourra servir d'exemple à l'avenir.

Rouen donna le jour au grand CORNEILLE,
Pour *Orléans* le nom de JEANNE est cher ;
Une autre JEANNE à *Beauvais* fit merveille,
Et *Strasbourg* fut célèbre par KLÉBER.

A *Fontenoy* l'Anglais se laissa battre,
Et c'est *Ferney* que VOLTAIRE embellit ;
Mais si *Pau* fut le berceau d'HENRI QUATRE,
Nante est célèbre encor par son *édit.*

A *La Ferté* naquit le bon RACINE,
Avec orgueil *Dunkerque* pour fleuron
Cite JEAN-BART, l'honneur de la marine,
Comme *Cambrai* parle de FÉNELON.

Quand de MARCEAU, de COLIN D'HARLEVILLE,
Chartres se fait un glorieux renom,
Pour *Aigueperse* est célèbre DELILLE,
ROTROU pour *Dreux* et CALVIN pour *Noyon*.

De MAITRE ADAM *Nevers* se glorifie,
Tours de RAPIN, *Langres* de DIDEROT ;
De GUTENBERG *Strasbourg* est la patrie,
Tournus de GREUZE et *Melun* d'AMYOT.

Château-Thierry proclame LA FONTAINE,
Dijon RAMEAU, PIRON et CRÉBILLON,
Calais LAPLACE et *Dieppe* DUQUESNE,
Quimper FRÉRON, *Grenoble* VAUCANSON.

Reims de COLBERT conserve la mémoire,
C'est pour VAUBAN qu'on cite encor *Saulieu*,
D'*Aix* MIRABEAU sera toujours la gloire,
Et pour *Bordeaux* il n'est qu'un MONTESQUIEU.

Alby réclame à bon droit LAPEYROUSE.
Pour *Montbéliard* immortel est CUVIER,
Et *Blois* est fier de ce bon LOUIS DOUZE,
Comme *Orléans* de l'illustre POTHIER.

De MARMONTEL quand *Limoges* s'honore,
Quand BASSOMPIERRE est célèbre à *Nancy*,
C'est SAINT VINCENT DE PAUL que *Dax* adore,
Et *La Rochelle* acclame DUPATY.

Si de MALHERBE à *Caen* l'on dit merveille,
Amiens nous cite et VOITURE et GRESSET,

5

Et de Trouin la gloire sans pareille
Pour *Saint-Malo* du ciel est un bienfait.

A Jean Froissard *Valenciennes* encore
S'enorgueillit d'avoir donné le jour,
Du grand Desaix *Clermont-Ferrand* s'honore,
Et par Méhul *Givet* brille à son tour.

Fontainebleau de notre vieille armée
A conservé le touchant souvenir ;
A ses *adieux* il doit sa renommée,
Et le vaillant Condé vint y mourir.

Si pour *Paris* ce fut faveur insigne
De donner l'être au joyeux Poquelin,
Au *Havre* échut Casimir Delavigne,
Comme à *Douai* le célèbre Merlin.

A *Chateauroux* un monument rappelle,
Et comme exemple à la postérité,
De l'Empereur le compagnon fidèle
Qui maintenant repose à son côté.

Si de Bayard *Mézières* s'honore,
Par Catinat si *Lille* eut un renom,
Ajaccio bien plus célèbre encore,
Donna le jour au grand Napoléon !

Vous le voyez, de ce pays de *France*
Dont chaque ville offre un beau souvenir,
Je sais l'histoire, et, grâce à ma science,
Dans le passé je vois son avenir.

UN VIEUX FARCEUR

Paroles de M. Henry NADOT; musique de Laurent LÉON.

A M. BERTHELIER.

Pendant que dormait sa goutte,
Un vieux mari, tout grivois,
Disait à sa femme : Ecoute
Le récit de mes exploits :
Autrefois, bonne poulette,
Quand tu vantais ma vertu,
Je te fis souvent cornette,   } *bis.*
Tu n'en as jamais rien su !

Les femmes les plus coquettes
Me trouvaient bonne façon.
J'avais soin près des fillettes
De me donner pour garçon !...
Quand l'espoir du mariage
Chez elles était déçu,
On m'aimait quoique volage,
Tu n'en as jamais rien su !

Te rappelles-tu l'amie
Qui venait toujours nous voir ?

Je lui tenais compagnie
En ton absence : or, un soir,
Près de moi, s'étant assise,
Elle me dit : Que fais-tu ?
Si j'allais être surprise !...
Tu n'en as jamais rien su !

Souviens-toi du long voyage
Auquel tu m'as cru forcé ;
En préparant mon bagage
Tu pleuras, je t'embrassai.
« Que les hommes sont canailles !... »
Huit jours après, revenu,
Je n'avais vu que Versailles,
Tu n'en as jamais rien su !

Ma confession tardive,
Entre nous, te montre au moins
Que tu fus assez naïve
Pour me croire en tous les points...
« Je feignais, répond la vieille,
« D'être aveugle, car, vois-tu,
« Je te rendais la pareille,   } bis.
« Tu n'en as jamais rien su ! »

La musique chez L. Vieillot, 32, rue Notre-Dame-de-Nazareth.

L'ANGLAIS ET LE GAMIN DE PARIS

CHANSONNETTE

Exécutée par M. Levassor, au théâtre
du Palais-Royal.

Paroles de M. E. Bourget; musique de M. V. Parizot.

Holà! petit' garçonne!
Oh! volais-tu venir
Être mon cicérone
Pour le train de plaisir?
Allons! vilain' petite!
Quand moi je appelais,
Je volais to de souite
Que vo tu arrivais.
Il faut qu'on me conduise,
A n'importe quel prix;
Je venais du Tamise
Pour visiter Paris!...

(Parlé.) Le Gamin. Oh! ça tombe d'aplomb, milord, j'suis un gamin, un moucheron de Paris, et on peut le dire, un rupin! — L'Anglais. Oh! rupin! qu'est-ce que ça volait dire?... — Le Gamin. Rupin, quoi! ça veut dire un malin, un fadar, un chouetteau, pruneau, tourteau, godiveau, rigolo! — L'Anglais. Oh! rigolo, qu'est-ce que c'était encore, rigolo?... — Le Gamin. Rigolo, milord, ça vient du verbe rigoler. — L'Anglais. Oh! vite, vite! le dictionnaire pocket à moa, pour voir le verbe rigoler. — Le Gamin. Yes, cherchez, bourgeois, vous verrez rigoler, rire, chanter, s' la passer douce et bonne, s'amuser, quoi. — L'Anglais. Oh! sé amiouser! oh! très-bien! oh! les drôles de paroles il avait, le petit! oh! je prenais alors to de souite toa, pour conduire moa, petite mossieur Rigolo!...

   Viv' cett' jovial pays!
  Paris, c'était le paradis.
   Avec cett' petite vaurien,
    Jé allais voir très-bien!
  C'est very well! well! well!
  Perfectly well! well! well!
Oh! le France! c'est le plus grand des nations
   Pour les distractions!

   Dedans le capitale,
   Je dois premièrement,
   Chercher dans cett' dédale
   L'endroit du mangement.
   Oh! yes, moi je suppose,
   Que por bien visiter,

C'était un très-bon chose,
Avant tout, de manger.
Allons, petit' gamine,
Dis vite où je trouvais
Le meilleure cuisine,
Où moi je mangerais.

(*Parlé.*) L'ANGLAIS. Jé volais pas faire comme dedans le ville de Dieppe, où je avais voulu manger des... des champignons, yes, champignons... à Dieppe, je trovais pas dans le bouche à moa le mot champignon... je dessinais alors sur le papier, avec le crayon, le dessin du champignon... je faisais voir, le garçon, il regardait la forme du dessin, et au lieu du champignon, il me apporte un peraplouie ! — LE GAMIN, pouffant de rire. Oh ! elle est rudement chouette, celle-là ; il vous a blagué ; le blagueur, en place de champignon d'apporter un riflard ! — L'ANGLAIS, avec colère. Riflard ? je disais pas riflard ! je disais peraplouie ! — LE GAMIN. C'est ça même, milord, un parapluie, c'est un riflard, un robinson, un pépin, quoi ! — L'ANGLAIS. Pepin ! pepin !... oh ! Pepin, c'était un roi !... les drôles de paroles, il avait le petit ; jé avais jamais entendu parler de toutes ces sortes de choses... oh ! petite gamine, qu'est-ce que c'était que cette belle monumente ? —

Le Gamin. Ça, bourgeois, c'est la colonne Vendôme. — L'Anglais. Oh! yes! bâtie par l'Empereur... (il ôte son chapeau) je regardais dedans le Guide Richard, et je voyais que le colonne Vendôme il avait été bâtie avec le canon, l'airain de l'étranger... dis moa, petite, qu'est-ce que vo appelez l'airain?... — Le Gamin. Les reins, milord?... c'est le dos. — L'Anglais. Oh! shocking (prononcez : chokigne) taisez-vous, petite bécile! je povais pas croire du tout que l'étranger il avait prêté le dos de loui pour bâtir le colonne de vô! le colonne vertébrale, je disais pas; mais pas le colonne Vendôme!... oh! petite farceur! petite rupin!...

Viv' cett' jovial, etc.

Oh! le comic langage
De cett' jeune garçon,
Il est pour le voyage,
Une excellent' leçon.
Le français de moi-même,
Que je parlais chez no,
Il n'était pas le même
Que le français de vo.
Mon fureur est extrême
Contre mon professeur,
Je lui dirai moi-même
Qu'il est un grand blagueur...

(*Parlé.*) Le Gamin, riant. Ah! vous avez retenu mon mot!... Les professeurs... laissez-les donc! ça n'a pas l' chic. — L'Anglais. Le chic? — Le Gamin. Eh! oui! le truc! — L'Anglais. Le truc? — Le Gamin. Ça n' sait qu' pincer les monacos. — L'Anglais. Oh! qu'est-ce que c'était pincer les monacos... — Le Gamin. Eh! oui! les monacos, les noyaux, les sonnettes, les jacques, les pétards, les roues de derrière, la braise... tout ça c'est la même chose. — L'Anglais. Oh! les drôles de paroles il avait, le petit! — Le Gamin. Tenez, regardez, bourgeois, v'là l' Pont-Neuf et Notre-Dame. — L'Anglais. Oh! beautiful! splendid perspective! — Le Gamin. C'est dans les tours Notre-Dame qu'est le fameux bourdon. — L'Anglais. Oh! yes!... voyons le dictionnaire pocket... (il cherche) bourdon, mouche à miel... oh! je voyais pas du tout le mouche à miel de notre-Dame. Oh! voici le rue de Rivoli. — Le Gamin. Yes, Rivoli, bourgeois, et l'hôtel Meurice. — L'Anglais. Oh! Meuric' hôtel, c'était justement le hôtel que je cherchais pour mettre moi dedans. Tenez, petite gamine, voilà une guinée por vo; venez dire à moi encore demain les drôles de paroles d'aujourd'hui, et je donnais encore le pareille guinée à vo. — Le Gamin. Oh!

merci milord, deux guinées en or, en vrai or sterling!..... je triomphe!... iomphe, iomphe!... comptez sur moi, milord, et puisque vous êtes si superbe, je vous ferai voir demain les catacombes!... — L'ANGLAIS. Les cata... quoi?... LE GAMIN. Combes, milord, c'est ça qu'est amusant! Le canon du Palais-Royal, la halle aux poissons, la meilleure place pour jouer à la sauvette et le théâtre des Funambules, et de plus, comme j'ai un cousin dans la grande voirie, je lui demanderai un billet de faveur pour descendre dans l'intérieur des égouts de Paris, voir les rats! c'est ça qu'est encore amusant!... et les abattoirs!... voir tuer les veaux?... c'est ça qui s'ra encore chouette! — L'ANGLAIS. Oh! chouette, très-bien petite! Oh! avec loui, j'étais sûr de voir Paris comme jamais on le voyait... plus, davantage, pas, rien...

  Viv' cett' jovial pays!
Paris, c'était le paradis.
Avec cett' petite vaurien,
  Jé avais vu très-bien!
C'est wery well! well! well!
Perfectly well! well! well!
Oh! le France! c'est le plus grand des nations
  Pour les distractions!

 La musique se trouve chez M. Colombier, éditeur, 6, rue Vivienne.

LE CHEMIN DE L'HONNEUR

Air : *Viens, belle nuit, me couvrir de ton voile.*

Mon pauvre enfant, tu viens d'atteindre l'âge
Où dans la vie il faut suivre un chemin :
Pour te guider, au début du voyage,
Ton père encor doit te donner la main ;
Par leurs dehors, séduisant ta jeunesse,
Combien, hélas ! sont battus par l'erreur !
Tiens, prends celui que ton père te laisse :
Voilà, mon fils le chemin de l'honneur !

Doux, indulgent, ferme en ta conscience,
Bras au travail, tête et cœur au savoir ;
En grandissant d'âge et d'expérience,
Suis les plaisirs alliés au devoir.
Va, sois toujours au dévoûment fidèle ;
De quelque part que vienne le malheur,
Réponds encor quand sa plainte t'appelle ;
Voilà, mon fils, le chemin de l'honneur !

Si, n'écoutant que ton amour sincère,
A tes désirs une femme en tes bras,

Avant l'hymen, par toi devenue mère,
O mon enfant! ne l'abandonne pas!
Car c'est ainsi qu'au désespoir en proie,
Bien des fronts d'ange ont perdu leur pudeur;
Ne flétris pas celui que Dieu t'envoie :
Voilà, mon fils, le chemin de l'honneur!

Si, couronnant un lucre légitime,
L'aisance, un jour, brillait à ton foyer,
Ailleurs, le sort fait plus d'une victime;
Reste, opulent, l'appui de l'ouvrier.
Par maints revers, si le destin te somme
D'abandonner le fruit de ton labeur,
Redeviens pauvre, en restant honnête homme :
Voilà, mon fils, le chemin de l'honneur!

Puis au déclin de ton humble carrière,
Quand ton enfant, élevé sous tes yeux,
Libre, devra s'élancer dans la sphère
Qu'ont sans rougir parcourue ses aïeux;
Comme en ce jour, où, fier, je te contemple,
Tu lui diras, le pressant sur ton cœur :
Front haut et pur, pars et suis mon exemple;
Voilà, mon fils, le chemin de l'honneur!

Auguste Alais.

LA CANOTIÈRE

CHANSONNETTE

Paroles d'Athur LAHY.

AIR : *Allons, pâtres et bergers, partons pour la mer Noire.*

Plus vive que le goujon
Au fond de la rivière,
Manœuvrant un aviron
Comme une marinière,
Aspirant le caporal
Aussi bien qu'un amiral,
   Et du bacchanal
   Donnant le signal,
  Voici la canotière.

bis.

Sachant se nourrir de peu,
Bien souvent de gruyère,
Absorbant le petit bleu
Aussi bien que l' madère,
Et quand donne l'appétit,
Préférant aux mets exquis
   Le fin goujon frit
   Et le veau rôti,
  Voici la canotière.

Effeuillant joyeusement
Son bouquet de rosière,
Et profitant du présent,
Sans regarder arrière,
Sans souci du lendemain,
Sachant par un gai refrain
   Narguer du destin
   Peines et chagrin,
   Voici la canotière.

Voyant son chapeau d' côté
Sa vareuse légère,
Son brûlot bien culotté
Et sa démarche altière,
Admirant son air flambart,
Chacun dit : c'est un Jean-Bart.
   Moi, je dis à part :
   Vous vous trompez; car
   C'est une canotière.

Lorsque le sort rigoureux
Vous lance sa colère,
Lorsqu'un amour malheureux
Vous pousse vent arrière;
Loin de vous jeter à l'eau,
Venez dans notre canot,
   Vous verrez bientôt
   Finir tous vos maux
   Avec la canotière.

Le plaisir, assure-t-on,
N'aime pas les manières;
Il dédaigne le bon ton
Et les allures fières;
Mais, sur les eaux d'ici-bas, ⎫
Tant que l'on canotera ⎪
   La gaité vivra, ⎬ bis.
Et l'on entendra ⎪
Chanter les canotières. ⎭

UNE MAISON TRANQUILLE

Paroles et musique de Charles COLMANCE.

Ah! hé! les p'tits agneaux,
  Qu'est-c' qui cass' les verres?
Les poêlons, les fourneaux,
  Les plats, les soupières?
Qu'est-c' qui casse les pots? les p'tits, les gros,
    Les brocs, les verres?
Qu'est-c' qui casse les verres? Qu'est-c' qui
                    [casse les pots?
  Je perche au poulailler,
  Dans une citadelle;
  C'est du comble au premier
  Une immense querelle;
    Loin de m'effrayer,
Quand j'entends ce remue-ménage,

Etant le plus sage,
Je leur crie à m'égosiller :
Ah ! hé ! etc.

Au cabaret du coin,
Des buveurs intrépides,
En se montrant le poing,
Cassent les pichets vides.
Hardi, mes lapins,
Faites du bruit, cassez les vitres,
Décollez les litres,
Mais respectez ceux qui sont pleins.
Ah ! hé ! etc.

Lasse de son réchaud,
Le cordon-bleu Palmyre,
Dans l'espoir du gros lot,
Casse sa tirelire.
Malgré ses joyaux,
Constance, voyant que sa glace
Lui fait la grimace,
En a fait dix mille morceaux.
Ah ! hé ! etc.

Leurs vases à la main,
Deux dames, mes voisines,
Se cognent en chemin
En allant aux... cuisines.
Tels deux avisos

Qu'un triste abordage submerge,
　　Au nez du concierge
Le choc a brisé leurs vaisseaux.
　　Ah! hé! etc.

　　Moi, quand j'ai le nez dur,
　　Je regagne mon gite;
　　En rentrant je suis sûr
　　D'entendre Marguerite.
　　Va, tu peux crier,
Jeter au vent torchons, serviettes,
　　Mais quant aux assiettes,
Halte-là! ça vaut un d'mi-s'tier.
　　Ah! hé! etc.

　　Enfin nous fournissons
　　A la hotte, à la pelle,
　　Des morceaux de tessons,
　　Des débris de vaisselle.
　　Dieu! quel bacchanal!
C'est au point que le commissaire,
　　Un jour de colère,
A mis sur son procès-verbal
　　Ah! hé! etc.

LA PAILLE

Sur tout on a fait des chansons :
On a chanté le vin, les belles,
L'eau, le feu, les fleurs, les moissons,
Les brebis et les tourterelles.
Un auteur dont je suis bien loin
Fit des vers sur l'huître à l'écaille ;
Un autre en a fait sur le foin :
Je vais m'étendre sur la paille.

La paille couvre l'humble toit
Du laboureur, modeste asile ;
Un lit de paille aussi reçoit
Son corps fatigué mais tranquille.
Le riche, au sein de son palais,
Sur le duvet s'ennuie et bâille.
Peines, tourments sont sous le dais,
Quand le bonheur est sur la paille.

La paille tressée en réseaux,
Du soleil garantit nos belles ;
Grâce à ces immenses chapeaux.
Elles n'ont plus besoin d'ombrelles ;

Mais ils voilent trop leurs appas,
Et Zéphyr leur livre bataille.
Il a raison : on ne doit pas
Cacher les roses sous la paille.

Jadis, respectant ses serments,
L'amant, fidèle à sa maîtresse,
Pour elle encore, après trente ans,
Brûlait d'une égale tendresse.
Hélas! on n'aime plus qu'un jour!
De la constance l'on se raille;
Et maintenant les feux d'amour
Ne sont plus que des feux de paille.

Mais je n'aurais jamais fini
Si, dans l'ardeur qui me travaille,
J'entreprenais de dire ici
Tout ce qui se fait sur la paille.
Ami lecteur, je meurs d'effroi
Que ta rigueur ne me chamaille;
Sois indulgent, car avec toi
Je ne veux pas rompre la paille.

SERVIÈRES

VOYAGE D'UN BUVEUR

Air : *Suzon sortait de son village.*

En un quart d'heure, avec mon guide,
Que j'ai parcouru de climats !
Par une descente rapide
D'abord, j'arrive aux Pays-Bas.
    Là, je m'avance,
    En diligence,
    Vers Mâcon, Nuits,
Volnay, Beaune, Chablis ;
    Puis j'en débouche,
    Et, crac ! je touche
    A Frontignan,
Bordeaux, Perpignan.
Bientôt je me trouve en Espagne,
Entre Alicante et Malaga ;
Je double Madère, et de là
Je remonte en Champagne (*ter*).

DÉSAUGIERS.

LES FILLES DE MARBRE

RONDE DES PIÈCES D'OR

Chantée par M. ALLIÉ, au théâtre du Vaudeville.

Paroles de MM. TH. BARRIÈRE et L. THIBOUST,

Musique de M. E. MONTAUBRY,
chef d'orchestre du théâtre du Vaudeville.

Aimes-tu, Marco la belle,
Dans les salons tout en fleurs,
La joyeuse ritournelle
Qui fait bondir les danseurs ?
Aimes-tu, dans la nuit sombre,
Le murmure frémissant,
Des peupliers qui, dans l'ombre,
Chuchotent avec le vent ?
Les peupliers qui, dans l'ombre,
Chuchottent avec le vent ?
— Non, non, non, non.
— Marco, qu'aimes-tu donc ?
— Ni le chant de la fauvette,
Ni le murmure de l'eau ?

Ni le cri de l'alouette,
Ni la voix de Roméo ?
   (Bruit de pièces d'or).
— Non, voilà ce qu'aime Marco.
— Oui, voilà ce qu'aime Marco.
   — Oh !

Aimes-tu les chants de joie,
De l'orgie ardent signal,
Lorsque la raison se noie
Dans les coupes de cristal ?
Aimes-tu les orgues saintes
Jetant leurs divins accents,
Qui ressemblent à des plaintes, } *bis.*
Et montent avec l'encens ?
 — Non, non, non, non.
  — Marco, qu'as-tu donc ?
— Ni le chant, etc.

Aimes-tu, quand tu t'égares
Dans les profondeurs des bois,
Les éclatantes fanfares
Suivant le cerf aux abois ?
Aimes-tu (quand la nuit gagne),
La grande voix du clocher,
Aux troupeaux dans la campagne, } *bis.*
Disant de se dépêcher ?
 Non, non, non, non.

— Marco, qu'aimes-tu donc?
Ni le chant, etc.

La musique chez M. Harand, rue de l'Ancienne-Comédie.

PAUVRE OISEAU OU L'EXILÉ

MÉLODIE

Chantée par M. POULTIER, de l'Opéra

Poésie de M. PROTIN; musique d'Auguste MOREL

Pauvre oiseau, viens à ma fenêtre,
Sans crainte, confier ton nid ;
Des beaux climats qui m'ont vu naître
Comme moi n'es-tu pas banni ?   (*bis.*)

Messager aux brillantes ailes,
Redis-moi les chansons du soir;
   Ah!
Messager aux brillantes ailes,
Redis-moi les chansons du soir;
Viens, apporte-moi des nouvelles
De ce pays que je ne dois plus voir;

Viens, apporte-moi des nouvelles
De ce pays, de ce pays que je ne dois plus voir !

En écoutant ton doux ramage,
J'oublierai mes chagrins cuisants !
Je croirai rêver sur la plage,
Où je fus heureux si longtemps.
   Messager aux brillantes ailes, etc.

Le ciel qui pèse sur nos têtes
Ne te retiendra pas toujours ;
Tu reverras encor nos fêtes,
Notre soleil et nos amours.   (bis.)

Messager aux brillantes ailes,
Tu leur diras les chants du soir ;
      Ah !
Messager aux brillantes ailes,
Tu leur diras les chants du soir ;
Tu leur porteras des nouvelles
De l'exilé qui ne doit plus les voir ;
Tu leur porteras des nouvelles
De l'exilé, de l'exilé qui ne doit plus les voir !

La musique se trouve chez MM. E. Gérard et Ce,
éditeurs à Paris, 1, rue de la Chaussée-d'Antin.

DONNE-MOI LA MAIN

ou

LA RENCONTRE DE DEUX HOMMES MARIÉS

BOUTADE

PAR UN HOMME LIBRE

Air : *T'en as menti.*

Tu t'es laissé mettre en ménage ?
Pour le coup l' proverbe a raison :
On fait des sottis's à tout âge.
Toi qui jurais d' rester garçon,
Te v'là pigé comme un oison.
J' me d'mand' si t'as pas fait quéqu' crime
Pour que l' sort t'immole à l'hymen ;
Du conjungo pauvre victime,
    Donn'-moi la main.   (*quater.*)

Ah ! t'as voulu prend' un' compagne !
Ben, j' préfer'rais t' savoir noyé.
Te v'là ni plus ni moins qu'au bagne,
Traînant la chaine et ta moitié :
C'est l' boulet qu' tu t'attach's au pied.
Toi qui prêchas, nouveau Camille,
L'affranchiss'ment du genre humain,
Te voilà serf dans ta famille :
    Donn'-moi la main.

Toi qui fus l' chef d'un' compagnie,
J'te d'mande un peu qu'est-c' qui l'croira,
Quand on t' verra f'sant d' la bouillie,
Trempant la soupe *et cœtera,*
Pendant qu' ta moitié s' promèn'ra.
C'est pourtant c' que l' sort te réserve,
Toi d'vant qui tremblait l' fantassin;
Madam' voudra qu' monsieur la serve :
    Donn'-moi la main

Toi qu'aimais les fines ripailles,
L'estaminet et le billard,
A présent faudra pus qu' tu n'ailles
Au café qu'un' fois par hasard,
Et qu' ty train's l'épouse et l' moutard.
Pour un mauvais carambolage,
Ta bell'-mèr' te boud'ra l' lend'main,
On t' répét'ra qu' tu n'es pas sage :
    Donn'-moi la main.

Ta femm', coiffée d'un chapeau rose,
Te r'proch'ra d' faire r'taper le tien;
Pour le rest', ça s'ra la mêm' chose,
Tu s'ras fic'lé comme un vaurien,
Pour que madam' puiss' se mett' bien.
Elle est, dit-on, jeune et légère,
Et possède un petit cousin;
C'est pas là l' plus beau d' ton affaire :
    Donn'-moi la main.   (*quater.*)
                        ÉMILE CARRÉ.

LA POUSSIÈRE

Air : *Femme, voulez-vous éprouver.*

Quand par un immuable arrêt
Celui qui commande au tonnerre
Voulut, par un nouveau bienfait,
Classer chaque être sur la terre,
Tout s'anima, tout vit le jour,
Et l'insecte et le dromadaire ;
Pour mieux lui prouver son amour
L'homme sortit de la poussière.

Vous qui sur votre trône assis
Gouvernez notre faible espèce,
Du sort orgueilleux favoris,
En vain un flatteur vous caresse ;
Le temps s'envole tour à tour
En vous criant d'un ton sévère :
« Poussière avant de voir le jour,
« Tu retourneras en poussière. »

Qui ne rougirait pas de voir
Au pied d'un soudan qu'on renomme,
Esclave du plus vil devoir,

Un homme trembler devant un homme !
Peuples que j'abhorre à jamais,
Vous déshonorez l'hémisphère :
Regardez si jamais Français
Courba son front vers la poussière !

Damis, sur un char éclatant,
Promène sa pédanterie ;
Sans égard, il froisse en passant
Le sage et l'homme de génie.
Il s'applaudit quand son fracas
Produit les effets du tonnerre ;
Et l'imprudent n'aperçoit pas
Son bien qui s'envole en poussière.

Pour moi, je roule mes loisirs
Depuis le lit jusqu'à la table ;
Par de simples, de vrais plaisirs,
Je rends mon destin supportable.
Après avoir parlé beaucoup,
Si parfois mon gosier s'altère,
Au même instant je bois un coup,
Et j'humecte ainsi la poussière.

RENÉ LEFEBVRE.

RÊVES DE JEUNESSE

Paroles de Henri de LAROCHE; musique de F. LAFAYE

Joyeux enfants du pays de Bohême,
La liberté fut mon bien le plus doux;
Voici le temps où l'on vit, où l'on aime,
J'ai résolu de vivre parmi vous.
La pauvreté n'a rien qui m'épouvante,
Elle n'abat que les plus faibles cœurs;
Je veux ma place au soleil qui me tente : } *bis.*
Les bois sont verts, les lilas sont en fleurs. }

Un joug honteux, dès mon adolescence,
Laissa mes jours dans l'ombre se flétrir;
Mon cœur fermé vivait d'indifférence :
Ah! vivre ainsi, c'était deux fois mourir.
Mon âme, enfin, jette un cri de détresse,
Mon front rayonne à travers tous mes pleurs;
Soleil de mai, rendez-moi ma jeunesse : } *bis.*
Les bois sont verts, les lilas sont en fleurs. }

Je sais fort bien qu'on nommera folie
Ce libre essor d'un cœur indépendant;
Que bien des voix, empreintes d'ironie,
Voudront ternir mon rêve éblouissant;
Mais ce matin j'ai vu les hirondelles,
Qui du printemps célébraient les douceurs;

Je suis poëte, et je me sens des ailes : ⎱ bis.
Les bois sont verts, les lilas sont en fleurs. ⎰

Nul ne saurait trahir sa destinée,
J'ai besoin d'air, de lumière et d'amour ;
D'illusions la route est parfumée,
Je veux chanter jusqu'à mon dernier jour.
Si, par malheur, en chemin je succombe,
Pour qu'un parfum passe sur mes douleurs,
O mes amis, allez creuser ma tombe ⎱ bis.
Sous les bois verts et les lilas en fleurs ! ⎰

La musique se trouve chez M. A. Huré, éditeur à Paris, 4, rue Salomon-de-Caus (Square des Arts-et-Métiers).

J'AIME LES FLEURS

Paroles de M. H. Désombrages ; musique de J. Bernet.

J'aime les fleurs ; leur enivrante haleine
De mon jeune âge embaumait le berceau ;
Dix ans plus tard, de quelques jours de peine
Elles m'aidaient à porter le fardeau.
J'aime les fleurs de ma tendre jeunesse,
J'aime à les voir annoncer le printemps.
Pour moi le temps amène la vieillesse, ⎱ bis.
Oh ! fleurissez, roses, pour mes vieux ans. ⎰

Dans mes vingt ans, une première rose
Vint embellir mon réduit isolé ;
Fleur de quinze ans, jolie. à peine éclose,
A son déclin d'autres m'ont consolé.
Puis, tour à tour, cette rose si chère
Ne me laissa, hélas ! qu'un souvenir !
Triste pensée, et cependant j'espère : } *bis.*
Rose d'espoir, pour moi daignez fleurir.

Fleurs du printemps, doux parfums de la vie ;
Fleurs de l'été, dont l'éclat est si doux ;
Fleurs de l'automne, encor dignes d'envie ;
Fleurs de l'hiver, qui tombez avec nous,
Oh ! de la vie, oui, vous êtes l'image,
Des doux plaisirs et des folles amours.
Pour moi, mes fleurs, à la fin du voyage, } *bis.*
Sur mon tombeau, refleurissez toujours.

LA FAVORITE

DUO

Chanté par M. Duprez et Madame Stolz,
Au théâtre de l'Opéra.

Paroles de MM. Alphonse Royer et Gustave Vaez.
Musique de M. G. Donizetti.

Viens ! viens ! je cède éperdu
   Au transport qui m'enivre.   (*bis.*)

Mon amour, mon amour t'est rendu,
　Pour t'aimer, je veux vivre,
　Pour t'aimer! pour t'aimer!
Ah! viens, j'écoute en mon cœur
Une voix, une voix qui me crie :
Ah! dans une autre patrie,
　Va cacher ton bonheur,
　Ah! va cacher ton bonheur!

— O transport! c'est mon rêve perdu
　Qui rayonne et m'enivre.　　(bis.)
Son amour, son amour m'est rendu,
　Mon Dieu, laissez-moi vivre,
　O mon Dieu! ô mon Dieu!
J'abandonne mon cœur
A la voix, à la voix qui me crie :
Ah! va dans une autre patrie,
　Va cacher ton bonheur!　　(bis.)

Ce duo est extrait de l'opéra *la Favorite*, en vente chez M. Tresse, éditeur, 2 et 3, galerie de Chartres, Palais-Royal. Prix : 1 fr.

LE PÊCHEUR DE MARÉE

BALLADE

Piétro le mareyeur,
Un soir éloigné de la plage,

Luttait avec courage
Contre les vagues en fureur.
　Sur sa barque en tempête
　Le pétrel vole bas ;
　Elle touche, s'arrête,
　Et se brise en éclats.
Puis les échos de la rive,
Interprètes du malheur,
Frappaient de leurs voix plaintives
Berthe, l'épouse du pêcheur.

　En ce fatal instant,
Au loin, de la cloche qui pleure
La voix annonçait l'heure
Qui dit : Priez pour le mourant !
　Berthe fait sa prière,
　Retenant ses sanglots ;
　Piétro, près de la terre,
　Reparaît sur les flots.
Et les échos, etc.

　Sainte Vierge, merci !
Sauvé ! sauvé ! s'écriait-elle...
Mais la Parque cruelle
Alors n'en jugeait pas ainsi.
　De même le navire,
　A l'ancre suspendu
　Sombre, lorsqu'on croit dire :
　Ciel ! tout n'est pas perdu !
Et les échos, etc.

Abordant le rocher,
Qui de ses maux semble le terme,
Piétro, d'une main ferme,
Aux algues veut se rattacher.
La pierre qui le porte
Céde sous son effort.
Le bruit des flots emporte
Au loin un cri de mort.
Depuis, de Berthe la folle,
Chaque jour à l'Angélus,
Aux cieux la plainte s'envole.
Mais c'est en vain... Piétro n'est plus.

A. HALBERT (d'Angers).

PLUS ON EST DE FOUS, PLUS ON RIT

Air connu.

Des frélons bravant la piqûre,
Que j'aime à voir dans ce séjour
Le joyeux troupeau d'Epicure
Se recruter de jour en jour !
Francs buveurs, que Bacchus attire
Dans ces retraites qu'il chérit,
Venez avec nous boire et rire.
Plus on est de fous, plus on rit.

Ma règle est plus douce et plus prompte
Que le calcul de nos savants ;
C'est le verre en main que je compte
Mes vrais amis, les bons vivants !
Plus je bois, plus leur nombre augmente,
Et quand ma coupe se tarit,
Au lieu de quinze j'en vois trente.
Plus on est de fous, plus on rit.

Si j'avais une salle pleine
Des vins choisis que nous sablons,
Et grande au moins comme la plaine
De Saint-Denis ou des Sablons[1],
Mon pinceau, trempé dans la lie,
Sur tous les murs aurait écrit :
« Entrez, entrez, enfants de la Folie,
« Plus on est de fous, plus on rit. »

Entrez, soutiens de la sagesse,
Apôtres de l'humanité ;
Entrez, amis de la paresse,
Entrez, amants de la beauté ;
Entrez, fillettes dégourdies,
Vieilles qui visez à l'esprit ;
Entrez, auteurs de tragédies :
Plus on est de fous, plus on rit.

1. Banlieue de Paris.

Puisque notre vie a des bornes,
Aux enefrs un jour nous irons ;
Et malgré le diable et ses cornes
Aux enfers un jour nous rirons...
L'heureux espoir ! que vous en semble ?
Or, voici ce qui le nourrit :
Nous serons là-bas tous ensemble.
Plus on est de fous, plus on rit.

Armand Gouffé.

LE POITRINAIRE

Air : *Si les fleurs parlaient.*

De ce grabat, où je souffre en silence,
Pourquoi, docteur, vous éloigner ce soir ?
La mort fait-elle incliner la balance,
Quand votre voix me conseillait l'espoir ?
Le fossoyeur soulève-t-il la pierre
Qui doit sur moi retomber pour toujours ?
Vous vous taisez... Adieu donc à la terre ;
Mais je gémis de perdre mes amours.

C'en est donc fait... je vais quitter la vie !
Mourir si jeune, ah ! c'est deux fois mourir.

Quelques instants, et ce cœur, mon amie,
Sous tes baisers ne pourra tressaillir.
Dieu, je t'implore ! Ah ! malgré ma souffrance,
Soutiens ma force et prolonge mes jours.
Je ne tiens pas à ma frêle existence,
Mais je gémis de perdre mes amours.

Quoi ! le soleil que promet cette aurore,
A qui l'oiseau fait un si doux accueil,
Vers son midi doit m'éclairer encore,
Puis se coucher ce soir sur mon cercueil !
Ciel ! vois ces pleurs inonder ma paupière ;
A mes destins accorde un plus long cours.
Je ne tiens pas à ma triste carrière,
Mais je gémis de perdre mes amours.

La blanche fleur, émail de nos prairies,
Se montre même oracle de mon sort :
Sa tige naît... et ses couleurs flétries
Viennent déjà me présager la mort !
Dieu, prends pitié d'une faible victime !
Mon infortune invoque ton secours,
Je ne tiens pas au souffle qui m'anime,
Mais je gémis de perdre mes amours.

Pour tous la vie est un livre suprême,
Que l'on ne peut parcourir à son choix ;
Car le feuillet se tourne de lui-même :
Le mot *amour* ne s'y lit pas deux fois.

L'on veut fixer le passage où l'on aime ;
Mais sous nos doigts il glisse sans retour.
Bientôt je vais résoudre ce problème.
Mais je gémis de perdre mes amours.

Vœux superflus, inutile prière :
Son œil se ferme et le jeune mourant,
Touchant enfin à son heure dernière,
Avec douleur murmure en expirant:
« O toi que j'aime, adieu... ma douce amie.
« Un froid mortel me glace pour toujours.
« Ce coup affreux m'ôte plus que la vie :
« Las! je vous perds, ô mes chères amours! »
    A. HALBERT (d'Angers).

LA MANIÈRE DE S'EN SERVIR

Paroles de Gustave LENOY; musique de LEDRU

Ou *air du Cabaret des trois lurons.* (COLMANCE.)

Les hommes gaspillent leur vie
Et ne recherchent que tourments ;
L'ambition, l'orgueil, l'envie,
Absorbent leurs meilleurs moments.
Nos parents, pleins d'expérience,
Devraient, sans trop nous asservir,
Nous donner avec l'existence
La manière de s'en servir.

Des chanteurs, se disant artistes,
Mâchent les mots entre leurs dents;
Je ne sais s'ils sont gais ou tristes,
Car jamais je ne les comprends.
Je tends les ressorts de mon ouïe,
Impossible de rien saisir :
C' n'est pas la chanson qui m'ennuie,
C'est la manièr' de s'en servir.

Un buveur que l'ivresse berce,
Lorsqu'il a trop bu de cognac,
Au coin d'une borne renverse
La cruche de son estomac.
De ce poison dont il abuse,
Son moral doit un jour souffrir :
C' n'est pas la liqueur que j'accuse,
C'est la manièr' de s'en servir.

Le commerce me semble étrange,
S'il rapporte deux cents pour cent;
Ce n'est plus un loyal échange
Entre ouvrier et commerçant.
Les grands frais, sur chaque pratique,
Forcent le lucre à s'assouvir :
C' n'est pas l' commerc' que je critique,
C'est la manièr' de s'en servir.

L'homme dit la femme méchante,
La femme dit l'homme méchant;
L'homme veut la femme constante,
La femme veut l'homme constant.

Contre la femme qui bougonne,
L'homme parfois aime à sévir :
Est-c' la femme qui n'est pas bonne,
Ou la manièr' de s'en servir?

Le revolver que l'on renomme,
Chez nous veut se perpétuer ;
Il faut trente ans pour faire un homme,
Un seul moment pour le tuer.
Par le fusil, tout nous l'atteste,
Le gibier seul devrait mourir :
C' n'est pas l'arme que je déteste,
C'est la manièr' de s'en servir.

La musique se trouve chez M. A. Huré, éditeur, à Paris, rue Salomon de Caus, n° 4 (Square des Arts et Métiers).

UN JEUNE HOMME SACRIFIÉ

TISSU D'INFORTUNES

Paroles de M. JAIME; musique de M. Ch. PLANTADE.

C'est difficile
D'être habile,
De savoir
Se faire valoir ;
La jeunesse
A si peu d'adresse,   } bis.

Que ceux qui sont vieux } *bis.*
Sont heureux.

A peine au sortir du collége,
Voilà que je d'viens amoureux
D'un objet blanc comme la neige,
Aux petits pieds, aux grands yeux bleus.
Je l'adore ;
Mais j'ignore
Comment lui peindre mon tourment. (*bis.*)

(Parlé.) J'en suis réduit à la pantomime, au bal ; dans les soirées, je cours me placer devant elle ; je soupire, je prends une pose sentimentale, enfin, elle me regarde... elle parle à sa voisine... O bonheur ! je me penche et j'entends : « Voilà un jeune homme qui a l'air bien bête. » Il me prend un éblouissement, j'arrive dans l'antichambre, je ne sais plus ce que je fais, je prends un chapeau neuf pour le mien, et je me sauve en disant :

C'est difficile, etc.

Honteux d'une telle défaite,
Voulant surtout me rattraper,
Enfin, je lui monte la tête,
Et je l'invite à galoper.
Je la presse,

Quelle ivresse,
Son cœur est pris, je suis vainqueur. (*bis.*)

(Parlé.) L'orchestre part, je ne me possède plus... je l'entraîne... le premier tour est délirant, et je puis dire que je l'ai complétement enivrée ; mais au second, je glisse, elle tombe, nous roulons sous les pieds des danseurs que nous entraînons, et voilà tout le galop par terre. Je m'excuse en disant que c'est un noyau de cerise, mais ça n'est pas goûté à cause du mois de décembre ; enfin, je fais un déluge de bêtises, au point que je suis prié de ne plus revenir dans la maison.

C'est difficile, etc.

Je languissais dans la souffrance,
Lorsque, par un heureux destin,
Dans un coupé de diligence
Je la vois monter un matin.
Quelle chance !
Je me lance,
Je pars, j'affronte les hasards. (*bis.*)

(Parlé.) La voiture est pleine, c'est égal, je m'établis sur les genoux d'une grosse dame qui crie : « Monsieur, ça ne se fait pas!... » Enfin, le conducteur m'arrache du coupé, me lance sur l'impériale, où je me trouve seul avec mon amour, une nourrice, deux militaires, un marchand de bœufs et trois chiens de chasse. Au premier relai, je descends pour essayer de voir ma belle; mais voilà qu'un perfide gendarme me demande mon passe-port. En fait de papiers, je n'ai absolument sur moi qu'une livraison de l'*Album comique*. On m'arrête, je suis ramené à Paris, où j'arrive en disant :

C'est difficile, etc.

J'allais renoncer à la vie,
Quand un ami trop généreux
Avec sa tante me marie;
Jugez combien je suis heureux.
  Son visage
   Peint son âge ;
D'argent, pas un écu comptant. (*bis*.)

(Parlé.) Ajoutez à cela deux enfants de son premier mari, trois du second, plus de cheveux du tout, et portée sur la nourriture d'une façon très-désagréable. Mais ça n'est rien, voilà l'horible ! Le lendemain de mon hymen, on frappe à ma porte... Jules, autre ami d'enfance, me saute au cou en s'écriant : « Sois heureux, ta belle du bal consent à te donner sa main. » Je pousse un cri ! je me sens un roulement affreux dans l'estomac, et je n'ai que la force de lui dire, avec une douleur concentrée : Mon cher ami, je suis un jeune homme sacrifié !!!!!

C'est difficile, etc.

ON EST

BIEN FORCÉ D'ÊTRE HONNÊTE

CHANSONNETTE

Paroles de Me Élisa FLEURY; musique de A. BOULANGER.

Quand j' suis tout seul dans ma cellule,
J' fais plus d'un' drôl' de réflexion
Sur la contrainte et l' ridicule
Qu'impos' la civilisation.
D'un' grand' phras' qu'exig' l'étiquette,
Selon moi, v'là l'équivalent :
On est bien forcé d'être honnête,
Quand on n' peut pas faire autrement. } bis.

J'ai pour voisin's Flore et Juliette ;
L'un', qu'est laid' comme un créancier.
R'proch' toujours à cell' qu'est joliette
D' fair' jaser d'ell' dans not' quartier :

Voyez sur moi si l'on caquette ?
— Tiens, dit l'autr', c'est pas étonnant :
On est bien forcé d'être honnête, } *bis.*
Quand on n'peut pas faire autrement. }

Lundi dernier, j' dînais en ville ;
V'là qu'au dessert l'amphitryon
M'annonc' qu'il a fait un vaud'ville,
Et m' forc' d'entendr' sa production.
A la fin, pourtant, il s'arrête.
Que faire ? Il quête un compliment :
On est bien forcé d'être honnête, } *bis.*
Quand on n'peut pas faire autrement. }

L'autr' jour, j' m'en allais faire un' course,
Et comm' j'ai l'esprit fort distrait,
En courant j' laiss' tomber ma bourse,
Qu'un passant fourr' dans son gousset.
Mais, comm' j'avais tourné la tête,
Il m' la rendit généreus'ment :
On est bien forcé d'être honnête, } *bis.*
Quand on n'peut pas faire autrement. }

Quand j' rencontr' mon propriétaire,
J' cherche à l'éviter simplement,
Parc' que c'est un vieux doctrinaire,
Et que j' lui dois pas mal d'argent.
Mais d'vant moi c' matin il s'arrête,
Alors je l' salu' gracieus'ment :
On est bien forcé d'être honnête, } *bis.*
Quand on n'peut pas faire autrement. }

N' croyez pas, messieurs, que j' réclame
Des bravos qui n'me sont pas dus.
Vous êt's polis, mais sur mon âme,
Moi, j' craindrais d'en faire un abus ;
Si j'en r'cevais pour c'te bluette,
C'est qu' vous diriez probablement :
On est bien forcé d'être honnête, } bis.
Quand on n' peut pas faire autrement.

La musique se trouve chez M. A. Huré, éditeur,
à Paris, rue de Salomon de Caus, n° 4 (Square des
Arts et Métiers).

DANS TOUT IL FAUT AVOIR DU NEZ

Paroles d'É. Dufafour; musique de M. Jandard.

Ou *air du Cabaret des trois lurons.*

On a chanté toutes les choses,
Les bois, les vallons, les coteaux,
Les pâquerettes et les roses,
Les bergères et leurs troupeaux.
Le pathétique m'incommode,
Ne soyez donc pas étonnés,
Si pour changer un peu de mode. } bis.
Je vais ici parler du nez.

Joyeux enfants de la Folie,
Comme a dit un proverbe ancien,
Sachez profiter de la vie ;
La gaîté, voilà notre bien.
Las d'être heureux, vous entrez en ménage,
Puis celle que vous adorez,
Six mois après le mariage, } bis.
Vous mène par le bout du nez.

Un soir, la semaine dernière,
Chez moi je suis rentré pochard ;
Sans clef, sans la moindre lumière,
Je cherchais ma chambre au hasard.
J'ouvre une porte, ah ! quelle chance !
J'allais dormir, vous devinez,
Dans un lieu dépourvu d'essence, } bis.
Si je n'avais pas eu de nez.

N'importe dans quelle entreprise,
Sans nez on ne réussit pas.
C'est avec le nez que l'on prise
Beaucoup de choses ici-bas ;
Cette habitude est peu choisie,
Sans peine vous en conviendrez ;
Maintenant, c'est une manie, } bis.
Partout on veut mettre son nez.

Pointus sont les nez romantiques,
L'ivrogne a le nez rubicond,
Les camards sont philosophiques,
Les gros expriment la raison.

Mais des nez pour finir l'histoire,
Messieurs, si vous m'applaudissez,
L'auteur, heureux de sa victoire,
Ne fera pas un pied de nez. } *bis.*

La musique se trouve chez M. A. Huré, éditeur, à Paris, rue de Salomon de Caus, n° 4 (Square des Arts et Métiers).

AIMEZ-MOI COMME VOS BÊTES

Paroles de M. Pierre LACHAMBAUDIE.
Musique de M. Léon PRUCHOT.

A LEUR AMI J. PACRA.

Oh! madam', qu' vos bêt's sont heureuses
D' se voir par vous aimer ainsi!
Malgré mes œillad's amoureuses,
D' mon martyr' vous n'avez souci;
Oh! si vous m' faisiez l' quart des fêtes
Qu' vous fait's à tous vos animaux! (*bis.*)
Aimez-moi seul'ment comm' vos bêtes, } *bis.*
Votr' chien, votr' chat, vos p'tits oiseaux.

Votr' chien, qu'est méchant comme un' gale,
Mord tout le monde, excepté vous;

D' vos embrass'ments l' coquin s' régale,
Et vous l' dorlotez sur vos g'noux;
Entre vos lèvr's si mignonnettes
Il s' pourlèch' de sucre et d' gâteaux!...
Aimez-moi seul'ment comm' vos bêtes,
Votr' chien, votr' chat, vos p'tits oiseaux.

Dressant la queue et les oreilles,
Votr' chat sur vous fil' son rouron;
Il fait des gambad's sans pareilles,
Il se p'lotonne et s' met en rond.
Si vous saviez quell' pein' vous m' faites
Quand j' vois s' toucher vos deux museaux!...
Aimez-moi seul'ment comm' vos bêtes,
Votr' chien, votr' chat, vos p'tits oiseaux.

D' vos oiseaux pas un n'est farouche,
Tant vous savez caq'ter avec;
Vous mettez votr' bec dans leur bouche,
Non, dans votr' bouche ils mettent leur bec.
Quand pour eux si gentill' vous êtes,
Faut-il donc qu' vous riiez d' mes maux! (*bis.*)
Aimez-moi seul'ment comm' vos bêtes, ⎫
Votr' chien, votr' chat, vos p'tits oiseaux ⎭ *bis.*

La musique se trouve chez L. Vieillot, éditeur,
32, rue Notre-Dame-de-Nazareth, à Paris.

LE BIJOU DES DAMES

Paroles de A. LAMY; musique de A. LAGARD.

Ou air : *Voilà l'zou zou* (RONDE DES ZOUAVES).

Foi d' Jean Niquois, c'est moi qu'est l' coq
Des garçons d' vingt lieues à la ronde;
Aussi mon cœur, qui n'est point d' roc,
S'enflamm' pour la brune z-et la blonde.
Femmes, fillett's au moindre choc
S' disent dans le fin fond d' leux âmes :
Voilà l' bi bi, — voilà l' jou jou,   } *bis.*
Voilà l' bijou chéri des dames.

Dam'! c'est qu'on n'est point mal bâti,
Du monde on sait les bell's manières,
Et pour la finesse et l'esprit
On en r'vendrait à pèr's et mères,
Aussi, près du sesq' qui m' chérit,
Amour! en pacha tu m' proclames,
Car j' suis l' bi bi, — car j'suis l' jou jou, } *bis.*
Car j' suis l' bijou chéri des dames.

L' dimanch', quand j' pinçons l' rigodon,
Faut m' voir balancer avec grâce,
Et su' l' marché si j' paraissons,
Chacun' m'admire quand je passe;

On dirait un' révolution,
Les maris font rentrer leur *fâmes;*
Car j' suis l'bi bi,—car j'suis l'jou jou, } bis.
Car j' suis l' bijou chéri des dames.

Si j' voulions, j' pourrions dans l' canton
Choisir au moins cinquante épouses,
Chacun' veut d' moi, qu' c'est un guignon;
Mais j' voulons point faire d' jalouses.
Comm' mon papa, j' rest'rons garçon,
Malgré les jaloux et leurs trames.
Et j' s'rons l' bi bi, — et j' s'rons le jou jou,
Et j' s'rons l' bijou chéri des dames.
Voilà l' bi bi, — Voilà l' jou jou,
Voilà l' bijou chéri des dames.

La musique se trouve chez M. A. Huré, éditeur, à Paris, rue de Salomon de Caus, n° 4 (Square des Arts et Métiers).

PARIS A CINQ HEURES DU MATIN

RONDEAU

L'ombre s'évapore,
Et déjà l'aurore
De ses rayons dore
Les toits d'alentour;
Les lampes pâlissent,
Les maisons blanchissent,

Les marchés s'emplissent.
On a vu le jour.

De la Villette,
Dans sa charrette,
Suzon brouette
Ses fleurs sur le quai;
Et de Vincennes
Gros-Pierre amène
Ses fruits que traîne
Un âne efflanqué.

Déjà l'épicière,
Déjà la fruitière,
Déjà l'écaillère,
Saute à bas du lit.
L'ouvrier travaille,
L'écrivain rimaille,
Le fainéant bâille,
Et le savant lit.

J'entends Javotte,
Portant sa hotte,
Crier carotte,
Panais et chou-fleur;
Perçant et grêle,
Son cri se mêle
A la voix frêle
Du gai ramoneur.

L'huissier carillonne,
Attend, jure et sonne,
Résonne, et la bonne,
Qui l'entend trop bien,
Maudissant le traître,
Du lit de son maître
Prompte à disparaître,
Regagne le sien.

  Gentille, accorte,
  Devant ma porte,
  Perrette apporte
Son lait encore chaud ;
  Et la portière,
  Sous la gouttière,
  Pend la volière
De dame Margot.

Le joueur avide,
La mine livide,
Et la bourse vide,
Rentre en fulminant ;
Et sur son passage,
L'ivrogne plus sage,
Rêvant son breuvage,
Ronfle en fredonnant.

  Tout chez Hortense
  Est en cadence ;

On chante, on danse,
Joue, ET CÆTERA.....
Et sur la pierre
Un pauvre hère,
La nuit entière
Souffrit et pleura!

Le malade sonne,
Afin qu'on lui donne
La drogue qu'ordonne
Son vieux médecin;
Tandis que sa belle
Que l'amour appelle,
Au plaisir fidèle,
Feint d'aller au bain.

Quant vers Cythère
Le solitaire
Avec mystère
Dirige ses pas;
La diligence
Part pour Mayence,
Bordeaux, Florence,
Ou les Pays-Bas.

Adieu donc mon père,
Adieu donc ma mère,
Adieu donc mon frère,
Adieu mes petits!

Les chevaux hennissent,
Les fouets retentissent,
Les vitres frémissent,
Les voilà partis !

Dans chaque rue
Plus parcourue
La foule accrue,
Grossit tout à coup;
Grands, valetaille,
Vieillards, marmaille,
Bourgeois, canaille,
Abondent partout.

Ah ! quelle cohue !
Ma tête est perdue,
Moulue et fendue ;
Où donc me cacher ?
Jamais mon oreille
N'eut frayeur pareille...
Tout Paris s'éveille,
Allons-nous coucher.

DÉSAUGIERS.

LES AUVERGNATS

Paroles de Jules CHOUX.

Chaqu' ville a son industrie,
Ses hommes et ses produits :
L' cidre est à la Normandie,
A la Bourgogn' le vin d' Nuits.
Les gens d' Bourg' font d' la flanelle,
Ceux d'Elbœuf font dans les draps ;
Lisieux fournit d' la chandelle,
Et Chaint-Flour les Auvergnats. (*bis.*)

Ces bipèdes que l'on fronde
Ne naissent pas sous des choux ;
Mais, comm' chacun à la ronde,
Sur un lit plus ou moins doux.
Dès qu'ils brisent leur coquille,
Ils ont d' bons yeux et d' bons bras,
Pour aider à leur famille
Et faire des Auvergnats.

Enfants, ils apprenn'nt à lire,
A compter jusqu'à cent sous ;
Pas besoin d' savoir écrire,
Pour signer des billets doux.

Car, pour eux, les billets d' mille
Ressemblent aux assignats;
Mais de gros sous un' bonn' pile
Plaît à tous les Auvergnats.

L'Auvergnat sur tout s'exerce
A s' faire un revenant-bon:
Il le trouv' dans le commerce
De l'eau, du bois, du charbon.
Il achèt' cuivre et ferraille,
Les vieux chiffons, les peaux d' chats.
Qui f'rait d' l'or avec d' la paille,
Si c' n'étaient les Auvergnats?

Vivant par économie,
Chacun pour soi, comm' des loups,
S'ils veulent faire un' partie,
Des mots ils en vienn'nt aux coups.
Alors, pour finir la fête,
Chacun, sa pays' sous le bras,
Va danser à la musette,
Au trou d' bal des Auvergnats.

Quand pour l'hymen, à l'église,
Ils partent bien convaincus
Qu'une épouse est à leur guise,
C'est qu'ell' n'a pas mal d'écus.
La femme n'accepte, en somme,
Que pour quitter l' célibat:

Ayant l'âg' d'avoir un homme,
Ell' se paye un Auvergnat.

Empilant, une par une,
Les grosses pièces d'argent,
L'Auvergnat fait sa fortune
Et trouv' plus intelligent
D' rentrer au lieu de sa naissance
Où, sans nuls certificats,
Les gens le r'gardent d'avance
Comm' le roi des Auvergnats.

Pour m'être, en joyeux apôtre,
Fait l'indigne historien
D'un' rac' qui, tout comme une autre,
Ne fait pas plus d' mal que d' bien,
Je sais qu' l'enfer me réclame,
Mais j'y prendrai mes ébats
En riant de tout' mon âme,
Aux dépens des Auvergnats,
Avec tous les Auvergnats.

LE BAPTÊME DU P'TIT ÉBÉNISTE

SCÈNE DE FAMILLE

Exécutée par M. BERTHELIER, au théâtre du Palais-Royal.

Paroles de M. Émile DURANDEAU.
Musique de Charles PLANTADE.

(*Parlé.*) Mesdames et messieurs, m'étant trouvé de société dans un repas de famille, donné par mon patron, fabricant d'ébénisterie, à l'occasion du baptême du petit LÉON, son nouveau-né, faubourg Saint-Antoine, 35, au fond de la cour, j'ai composé moi-même, pour la circonstance, quelques couplets familiers que je vais prendre la faveur de vous chanter.

Que j'aime à voir autour de cette table
Des scieurs de long, des *ébénisses*,
Des entrepreneurs de bâtisses...
Que c'est comme un bouquet de fleurs!

(*Parlé.*) En chœur : Bis.

Que c'est comme un bouquet de fleurs !

(S'adressant à l'enfant.)

Petit Léon, dans le sein de ta mère,
Tu n'as jamais connu l'adversité :
Tu n'as pas vu le drapeau de tes pères
Souillé de boue, couvert d'iniquité...
    Que j'aime à voir, etc.

Mais, sans vouloir parler de politique.
Dessur l'ancien versons *tousse* des pleurs ;
L'ennemi l'a plongé *dedans* une île
Ous qu'il est mort ! ce grand législateur...
    Que j'aime à voir, etc.

(S'adressant à l'enfant.)

Ah ! si jamais l'ennemi de tes pères
Te menaçait dans tes institutions,
C'est dans le sang de ces horribles traîtres
Que baignerait ta satisfaction.
    Que j'aime à voir, etc.

(Avec finesse.)

Là-bas, là-bas, tout au bout de la terre,
Là-bas, là-bas, tout près du *Lustembourg*,
Fut un vieillard, chansonnier populaire,
(Tout bas à son voisin.) BÉRANGER.
Oh ! celui-là, respectons-le toujours.
    Que j'aime à voir, etc.

Laissons, laissons les débauchés vulgaires
Sercher l'amour *dedans* la volupté,
Le vrai amour, ah! c'est celui d'un père
Qui met-z-au jour un petit nouveau-né.
  Que j'aime à voir, etc.

Pourquoi donc pas nous occuper d' la mère,
Qu'à l'heur' qu'il est-z-est encore alité,
Elle a bien plus *souffer-re* que le père,
Qui lui *a u* tout' la félicité.
  Que j'aime à voir, etc.

Ne cherchons pas *dedans* la nourriture
Les vains plaisirs du boire et du manger,
De ce festin la plus belle parure
C'est de nous voir d'accord sur l'amitié...

Que j'aime à voir autour de cette table
Des scieurs de long, des *ebénisses,*
Des entrepreneurs de bâtisses...
Que c'est comme un bouquet de fleurs!

(*Parlé.*) En chœur : Bis.

Que c'est comme un bouquet de fleurs!

N. B. Le dernier couplet ne se chante pas au théâtre.

La musique chez M. E. Chalot, éditeur, à Paris, 2, rue de la Feuillade, près la place des Victoires.

MON CŒUR A VINGT ANS POUR T'AIMER

ROMANCE

Chantée par M. V. Didier

Paroles de M. Eugène Baillet

Musique de M. Adolphe Vaudry.

Après de bien douces caresses,
Parfois je surprends ton regard
Sur mes cheveux dont quelques tresses
De moi font un jeune vieillard.
Chasse les soucis qui se glissent
Dans tes yeux qui m'ont su charmer... (bis.)
Enfant, si mes cheveux blanchissent
Mon cœur a vingt ans pour t'aimer ! } bis.

Moi, qui, pendant toute ma vie,
Me suis moqué des chercheurs d'or ;
Par moments il me prend l'envie
De posséder un grand trésor.

C'est pour l'offrir à ta tendresse,
Car seul l'amour peut m'animer...
Hélas! c'est toute ma richesse,
Mon cœur a vingt ans pour t'aimer.

Crois-moi, ce n'est pas encor l'âge
Qui m'apporte des cheveux blancs;
C'est le temps détruisant l'usage
Et qui fait neiger au printemps.
Souviens-toi du bal sous les branches
Quand notre amour vint y germer...
A la musique des dimanches.
Mon cœur a vingt ans pour t'aimer.

Loin de toi, quand la destinée
Entraîne mon front soucieux,
Par jour, je vieillis d'une année,
Mon cœur est triste et je suis vieux!
Mais quand tes seize ans frais et roses
Pour moi viennent tout parfumer, *(bis.)*
Par de douces métamorphoses
Mon cœur a vingt ans pour t'aimer! } *bis.*

La musique chez L. Vieillot, 32, rue Notre-Dame-de-Nazareth.

LUCIE DE LAMMERMOOR

ROMANCE

Chantée par M. DUPREZ, au théâtre de l'Opéra,

Paroles de MM. ALPHONSE ROYER et GUSTAVE VAEZ,

Musique de M. G. DONIZETTI.

O bel ange, dont les ailes,
Fuyant nos douleurs mortelles,
Vers les sphères éternelles
Ont emporté (bis) mon espoir;
De mes jours fleur parfumée,
Je te suis ma bien-aimée;
Sur nous la terre est fermée,
O viens au ciel me recevoir!
O bel ange, ma Lucie!
Bel ange, ma Lucie!
Viens au ciel me recevoir!

A toi mon cœur s'abandonne,
C'est ton bien, je te le donne;
Un Dieu puissant me pardonne
Et mon amour (bis) et mon espoir.

D'une sainte et vive flamme
Je t'adore, aimable femme ;
Le seul trésor de mon âme
Est un regard de ton œil noir,
O bel ange, etc."

Sans toi, le bonheur sur terre
N'est qu'un mot, qu'une chimère ;
Tout n'est que douleur amère,
Si je ne puis (*bis*) te revoir.
O ma Lucie, mon idole,
A ton amour je m'immole ;
Vers toi mon âme s'envole,
O viens au ciel me recevoir !
O bel ange, ma Lucie !
Bel ange, ma Lucie !
Viens au ciel me recevoir !

N. B. Le premier couplet seul est de MM. A. Royer et G. Vaez. et est extrait de l'opéra LUCIE DE LAMMERMOOR, en vente chez M. Tresse, 2 et 3, galerie de Chartres, Palais-Royal. Prix : 1 fr.

LARMES DE JEANNETTE

Paroles et musique de BARRILLOT

Ou AIR : *Oh! batteux, battons la gerbe.*
(A. DUFRESNE.)

Pierre vient de boucler ses guêtres;
Il a, pour appuyer sa main,
Taillé son bâton dans nos hêtres;
De Paris il prend le chemin.
Il quitte ses bœufs, ses charrues,
Sa mère et moi qui l'aimons tant,
Pour courir dans ces grandes rues
Après le bonheur inconstant.

 Au doux son de la musette,
 Le dimanche il n'ira pas
 Danser avec sa Jeannette
 Qui le pleure tant, hélas!

Son toit de chaume lui fait honte,
Il ne veut plus être Gros-Jean.
Il aura chez monsieur le comte
Un chapeau galonné d'argent.
La soif de l'or le rend servile;
Hélas! qu'il suive ses penchants?

Il se fait esclave à la ville
Il était libre dans nos champs.
 Au doux son de la musette, etc.

Adieu plaisir, gaité champêtre.
Il part; rien n'a pu le fléchir!
En se faisant laquais d'un maître,
Le malheureux croit s'enrichir!
Là-bas, par l'or et la lumière,
Ses regards seront éblouis :
Nous n'avons près de nos chaumières
Rien que des fleurs, rien que des fruits.
 Au doux son de la musette, etc.

Tu pars; adieu, mon pauvre Pierre!
Sois bien heureux! enrichis-toi;
Peut-être qu'un meilleur salaire
T'eût fait rester sous l'humble toit.
Si vous quittez tous les faucilles
Pour émigrer, jeunes garçons,
Que deviendront les jeunes filles,
Et que deviendront les moissons?

 Au doux son de la musette,
 Le dimanche, il n'ira pas
 Danser avec sa Jeannette
 Qui le pleure tant, hélas!

La musique se trouve, à Paris, chez L. Vieillot éditeur, 32, rue Notre-Dame-de-Nazareth.

NOUS N'IRONS PLUS AU BOIS

Paroles de M. Alexandre GUÉRIN.

Musique de F. MASINI.

L'enfance est un album plein de célestes choses
Qu'on aime à feuilleter dans les jours de chagrins ;
L'enfance est un buisson plein de nids et de roses,
Où des milliers d'oiseaux gazouillent leurs refrains.
Mais l'âge vient : adieu les rondes enfantines !
Nos rêves ont menti, nos cœurs se sont trompés ;
On dit en effeuillant sa couronne d'épines :
Nous n'irons plus au bois, les lauriers sont coupés.

Notre âme hier encore, abeille fugitive,
Aux fleurs de l'espérance empruntait un doux miel ;
Mais toute fleur, hélas ! tient de la sensitive,
Et l'espérance n'est qu'un mirage du ciel.
Sous un soleil de feu nous marchons sur le sable ;
Plus de berceaux touffus .. le sort les a frappés !
De la réalité la faux est implacable !
Nous n'irons plus au bois, les lauriers sont coupés.

Mais vous, blonds chérubins, blanches petites filles,
De bluets et d'épis semez votre chemin ;
Pour vous il est des fleurs et jamais de faucilles :
A vous le ciel, car Dieu vous mène par la main.

Notre gaîté parfois à la vôtre s'allume...
Chantez donc, doux oiseaux de la cage échappés,
Ce refrain dont vos cœurs ignorent l'amertume :
Nous n'irons plus au bois, les lauriers sont coupés.

La musique se trouve chez MM. Hengel et Ce, éditeurs, 2 bis, rue Vivienne, à Paris.

LA COURONNE VIRGINALE

Paroles de M. BARBILLOT; musique de M. V. DIDIER.

Ou AIR : *N'effeuille jamais ta couronne.*

Jeune fille, que la pudeur
De ses ailes d'ange environne,
Sur votre front, plein de candeur
Gardez votre blanche couronne.
Il est dans un endroit obscur
Un démon qui toujours vous guette ;
Et ce démon, d'un souffle impur,
L'effeuillerait sur votre tête ? } *bis.*

Jeune fille, dont les doux yeux
Vous donnent l'air d'une madone,
Sur votre front insoucieux
Gardez votre blanche couronne.

Il est un ruisseau noir, profond,
Où, lorsque l'on se penche à peine,
La couronne tombe du front ;
Ensuite le courant l'entraîne.
} *bis.*

Jeune fille, qui chaque jour
Adressez à votre patronne
La prière d'un chaste amour,
Gardez votre blanche couronne.
Oh ! quand on peut la garantir
De tout souffle impur qui la frôle,
Ainsi que celle du martyr,
Dieu vous la change en auréole...
} *bis.*

La musique chez L. Vieillot, 32, rue Notre-Dame-de-Nazareth.

METTEZ-MOI ÇA DANS DU PAPIER

Paroles de Charles COLMANCE.

Musique de Laurent LÉON.

Dans ma jeunesse un peu cocasse,
Muni du gros sou paternel,
Je me payais de la mélasse,
De la cassonade ou du miel ;   (*bis.*)

Mais ma mère avait la main leste,
Aussi disais-je à l'épicier :
Pour ne pas barbouiller ma veste, ⎫
Mettez-moi ça dans du papier. ⎭ *bis.*

Avec quelle joie enfantine,
Tous les ans, j'attendais Noël!
J'étais certain qu'une tartine
Ce jour-là me tombait du ciel ;
Je m'écriais : Bon petit ange,
De vos dons comblez mon soulier...
Mais si vous voulez que j'en mange,
Mettez-moi ça dans du papier.

A ma fiancée Antoinette
J'offris un jour, avec mon cœur,
Un déjeuner en tête-à-tête,
Un chapeau neuf... et du bonheur.
— Vraiment, j'accepte pour vous plaire,
Et je dois vous remercier :
Mais par-devant monsieur le maire,
Mettez-moi ça dans du papier.

Au repas de nos fiançailles,
Le garçon, assez peu civil,
Enleva tout, poisson, volailles.
Corbleu! disais-je, que fait-il?
Ce que ce soir il me retire,
Demain charmerait mon gosier ;

J'étais toujours prêt à lui dire :
Mettez-moi ça dans du papier.

J'ai connu plus d'une farceuse,
Portant, ma foi, j'en fais l'aveu,
Sous une robe tapageuse,
Du linge propre... si l'on veut.
Bien que la toilette enjolive
Maint objet qu'on peut décrier,
Pour l'envoyer à la lessive,
Mettez-moi ça dans du papier.

Mettez vos pieds dans vos galoches,
Vos blagues dans un prospectus.
Mettez vos deux mains dans vos poches,
Quand vous montez en omnibus; (*bis.*)
Si l'on vous en offre une tranche,
Prenez le gigot tout entier ;
Mais pour l'attraper par le manche, } *bis.*
Mettez-moi ça dans du papier.

La musique se trouve chez L. Vieillot, éditeur,
32, rue Notre-Dame-de-Nazareth.

L'ENFANT ET LE DEVIN

CONSEILS

Air : *Hier au bal qu'elle était belle.*
(Le Lilas blanc.)

Mon jeune ami, tu veux connaître
Ici les secrets du destin ;
Si je t'instruis, bientôt peut-être
Tu maudiras le vieux devin.
Quand tu caresses l'espérance,
Quand tu n'as pas un repentir,
Mets dans le Ciel ta confiance,
Attends en paix ton avenir.
Avant le temps as-tu besoin,
Mon jeune ami, d'aller si loin ? } *bis.*

Pourtant avec mélancolie,
Malgré mes soins, ton jeune cœur
Rêve une lointaine patrie
Dans l'espoir d'un parfait bonheur.
Que te faut-il, sur cette terre ?
Après un amour maternel,

Celui d'une épouse sincère
Et la main d'un ami réel.
Pour être heureux, as-tu besoin,
Mon jeune ami, d'aller si loin ?

Parfois à travers un nuage
Qui te voile l'azur des cieux,
Tu cherches vainement l'image
D'un ange au front pur, aux doux yeux ;
Enfant, tandis que dans l'espace
Ton œil se perd et ne voit rien,
Aveugle et pauvre un vieillard passe,
Une humble fille est son soutien !...
Pour voir un ange, as-tu besoin,
Mon jeune ami, d'aller si loin ?

Dans la ferveur de la prière,
Tu voudrais, pieux pèlerin,
Porter tes pas jusqu'au Calvaire
Pour adorer l'Être divin.
A genoux près de la madone,
Quand ton cœur bat pour une fleur,
Que la beauté cueille et te donne,
Tu rends hommage au Créateur.
Pour l'adorer as-tu besoin,
Mon jeune ami, d'aller si loin ?

Qu'un voyageur quitte la plage,
Pour voguer vers des mines d'or,

Malgré les écueils et l'orage,
Tu veux suivre son fol essor;
Passant ta vie avec sagesse,
Si dans tes nuits, calme, tu dors,
Pour le repos de ta vieillesse
Tu peux amasser des trésors.
Pour t'enrichir as-tu besoin, } bis.
Mon jeune ami, d'aller si loin? }

Henri NADOT.

La musique d'Etienne Arnaud se trouve à Paris chez MM. Heugel et Ce, éditeurs, 2 bis, rue Vivienne.

LA
JARDINIÈRE DE VÉRONE

Paroles de M. Francis TOURTE.

Musique de Louis ABADIE.

J'ai sur le marché de Vérone
Les fleurs que le printemps me donne;

Et pour moi la sainte Madone
Les fait éclore au jour naissant ;
Et toujours noble châtelaine.
Vidant ma corbeille trop pleine,
  Dit en passant :   (*bis.*)
 Nizza, parmi tes roses,
 Tes grenades écloses,
  Crois-moi,   (*bis.*)
 De ces fleurs d'Italie,
 La fleur la plus jolie, (*bis.*)
  C'est toi !   (*bis.*)

Jamais, pour tresser la guirlande
Qu'à la sainte on donne en offrande,
Ma corbeille n'est assez grande ;
Et le pêcheur, le pèlerin,
La jeune fille au fin corsage,
Tous répètent sur mon passage
  Ce doux refrain : (*bis.*)
 Nizza, parmi tes roses, etc.

Devant mes bouquets qu'on admire,
La reine avec un doux sourire
Un jour s'arrêta pour me dire :
Ces roses, enfant, sont tes sœurs ;
Sois jardinière de la reine !
A toi les fleurs de mon domaine !
  Reine des fleurs ! (*bis.*)
 Nizza, parmi tes roses,

Tes grenades écloses,
    Crois-moi !   (bis.)
De ces fleurs d'Italie,
    La fleur la plus jolie, (bis.)
    C'est toi !   (bis.)

La Musique se trouve à Paris, chez M. F. GAUVIN, éditeur, Palais-Royal, 11 et 12, Péristyle de Chartres

---

FANFAN LE JOLI TAMBOUR

Musique nouvelle de l'auteur des paroles.

Lorsque j'ai pris la baguette,
Les vieux m'appelaient moutard ;
L'éducation est faite,
Je suis un tapin flambard.
    Ran tan plan.   (bis.)
Sur le chemin de la gloire,
Vous qui cherchez la victoire,
En avant, suivez Fanfan.
Ran pa ta plan, pa ta plan, (bis.)
    Ran pa ta plan.

J'ai débuté dans l'Afrique,
Sous le ciel des moricauds ;
Mes rlis, rlans, flans, je m'en pique,

Ronflaient aux coups les plus chauds.
 Ran tan plan, etc.

Souvent j'ai battu la diane
Pour les sincères amants;
Voyais-je un regard profane,
Vite je battais aux champs.
 Ran tan plan, etc.

Lorsque nos coursiers frémissent
Sous nos enfants belliqueux,
Mes roulements retentissent;
Nous sortons victorieux.
 Ran tan plan, etc.

Par mes œillades sublimes,
Mon petit air tapageur,
En ai-je fait des victimes!
Place à Fanfan Jolicœur!
 Ran tan plan, etc.

Le Russe, n'étant pas sage,
Nous menait je ne sais où;
Lors j'obtiens, battant la charge,
La revanche de Moscou.
 Ran tan plan, etc.

A. Halbert.

VIVE LA GAITÉ

CHANSON DE TABLE

AIR : *Faisons la guerre à coups de verres.*

REFRAIN.

Vive la gaîté !
　Versez à boire,
　　Disait Grégoire ;
Vive la gaîté !
C'est elle qui rend la santé.

Non, plus de chagrin, nous bravons la mélan-
　　Au dieu des amours　　　　　[colie ;
　Nous voulons consacrer nos jours ;
Et si quelquefois nos fronts se sont tachés de
　　C'est que nous aimons　　　　[lie,
　Le baptême des biberons.
　　Vive, etc.

Le joyeux buveur n'aura jamais la face blême ;
　　Par un goût nouveau
　Il s'est fait l'ennemi de l'eau ;
Et sur sa figure on dit, mais la chose est ex-
　　Qu'un pouvoir divin　　　　　[trême,

Sut éparpiller le raisin.
　Vive, etc.

Ma femme me dit : Ne bois pas tant, le vin te
　　　Pour chasser l'ennui　　　[trouble.
　　Qu'elle m'a causé dans la nuit,
Vite au cabaret, le lendemain, moi je redouble.
　　　J'aime, quand je vois
　　Six bons vivants, au lieu de trois.
　　　Vive, etc.

Que le jus divin éteigne les feux populaires ;
　　　Qu'un souffle imposteur
　　N'anime plus le travailleur.
La division ne doit pas régner entre frères :
　　　C'est dans la gaîté
　　Qu'on doit chercher la liberté.
　　　Vive, etc.

Je sais rendre hommage à la femme ainsi qu'à
　　　En buveur joyeux　　　[la vigne;
　　Près d'elles je suis amoureux ;
D'un être adoré je sais toujours me rendre di-
　　　Rien n'est plus divin　　　[gne.
　　Que les amours et le bon vin.
　　　Vive, etc.

Ici, sans frayeur, attendant la terrible Parque,
　　　Je veux sans façon

Chanter ma dernière chanson.
Mais si l'amitié vient m'accompagner dans la
    Pour jouir encor,   [barque,
Nous trinquerons avec la Mort.
  Vive, etc.
EUGÈNE LEBEAU.

TAIS-TOI, MON CŒUR

ROMANCE

Paroles de M. Michel TISSANDIER.

Musique de M. Paul HENRION

Je l'ai revue après cinq ans d'absence ;
Mais d'elle, hélas ! oublié, méconnu,
Je ne suis plus, moi, son ami d'enfance,
Qu'un étranger, peut-être un inconnu !
Dans son regard mon regard a su lire,
Lorsque ses yeux se sont tournés vers moi. (bis.)
Et j'ai surpris un perfide sourire... [toi ! } bis.
Tais-toi, mon cœur, mon pauvre cœur, tais-
Tais-toi, mon cœur, mon pauvre cœur, tais-toi !

Je l'ai revue, et j'ai tremblé près d'elle,
En rappelant nos premières amours ;
Car j'ai reçu de sa bouche infidèle
L'aveu fatal d'un adieu pour toujours !...
Un autre, hélas ! captivé par ses charmes,

Aux saints autels vient d'obtenir sa foi!... (bis.)
Souffre en secret et dévore tes larmes... }
Tais-toi, mon cœur, mon pauvre cœur, } bis.
               [tais-toi!
Tais-toi, mon cœur, mon pauvre cœur, tais-toi!

Ah! dans mon cœur, qui saigne et qui soupire
Au souvenir d'un trop cruel affront,
N'aurai-je pas un cri pour la maudire,
En lui jetant du moins l'injure au front?
Mais non... plutôt réprimons l'anathème!
Dans les transports d'un saisissant émoi, (bis.)
Peut-être bien je lui dirais : je t'aime! }
Tais-toi, mon cœur, mon pauvre cœur, } bis.
               [tais-toi!
Tais-toi, mon cœur, mon pauvre cœur, tais-toi.

LES BRUITS DU SOIR.

NOCTURNE

Paroles et musique d'Auguste HÉBERT.

Enfant, voici la nuit qui déroule son voile,
L'homme rentre au hameau, l'oiseau reste au
                                  [buisson;

Le soleil est couché ; déjà la blanche étoile
Et la lune en son plein éclairent le vallon.

Voici l'heure où l'enfant demi-nu sur la pierre,
A genoux, les deux bras élevés vers le ciel,
Bégaye au Tout-Puissant une courte prière
Et puis bientôt s'endort sur le sein maternel.
  Enfant, voici la nuit, etc.

Lorsque dans son manoir, la richesse orgueil-
           [leuse
Épuise à coups de dés l'argent du coffre-fort,
L'avare en son taudis, d'une voix langoureuse,
Compte et recompte encor ses billets et son or.
  Enfant, voici la nuit, etc.

Tandis que l'ouvrier regagne sa demeure,
Et porte le produit d'un travail fatigant,
Le bandit se déguise et prépare son leurre
Pour aller dans un coin arrêter le passant.

Enfant, voici la nuit qui déroule son voile,
L'homme rentre au hameau, l'oiseau reste au
          [buisson ;
Le soleil est couché ; déjà la blanche étoile
Et la lune en son plein éclairent le vallon.

 La musique se trouve chez L. Vieillot, éditeur,
à Paris, 32, rue Notre-Dame-de-Nazareth.

JE RESTERAI GARÇON

Paroles de M. Victor MABILLE ; musique d'Olivier MÉTRA

Le célibat, je l'avoue à ma honte,
C'est l'égoïsme impuissant et moqueur ;
Et cependant c'est le sort que j'affronte
Contre mon goût, ma raison et mon cœur ;
Car du ménage, au train dont vont les choses,
Rien que le mot me donne le frisson ;
Je trouve trop d'épines à ses roses,   ⎫
Voilà pourquoi je suis resté garçon.   ⎬ *bis.*

Certes l'hymen est le rêve du sage,
Le vrai bonheur d'aimer et d'être deux ;
Mais, quand on pense aux frais de blanchissage,
Ce rêve-là devient un songe creux.
Sur sa toilette on choisit sa future,
Sa beauté vaut sa robe et la façon ;
En négligé je veux voir la nature,
Voilà pourquoi je suis resté garçon.

Ma prétendue est une Mélusine
Aux doigts de fée, au cœur d'or, me dit-on ;
Mais ce lutin fait-il bien la cuisine ?
Cet ange pur sait-il coudre un bouton ?

Le bien moral n'exclut pas le physique,
De piano seul, hélas! on prend leçon;
Je ne tiens pas à mourir en musique,
Voilà pourquoi je suis resté garçon.

On verrait moins de vieilles demoiselles,
Plus d'épouseurs et de couples aimants,
Si l'on baissait le luxe de nos belles
D'autant qu'on voit hausser les logements.
Où pourrions-nous nous caser sur la terre?
S'il nous venait le moindre nourrisson...
J'aurais congé de mon propriétaire.
Voilà pourquoi je suis resté garçon.

L'amour, dit-on, est une loi fatale,
On s'aime après, cela se voit souvent;
Mais moi je dis, au nom de la morale,
Qu'il est plus sûr de s'adorer avant.
Mais se charmer n'est plus notre système,
Des écus seuls on estime le son;
Moi, je voudrais qu'on m'aimât pour moi-
{même, } bis.
Voilà pourquoi je resterai garçon.

La musique se trouve chez MM. E. Gérard et Cᵉ, éditeurs à Paris, 1, rue de la Chaussée-d'Antin.

LES MARTYRS INCONNUS

Paroles de M. Auguste ALAIS; musique de M. L. LÉON

Gloire à celui qui sur la race humaine
Répand à flots l'esprit de vérité,
De la science étendant le domaine
Sur le hameau comme sur la cité.
Gloire de même à qui remplit sa tâche,
Et dont les bras pour vivre sont tenus
Jusqu'au tombeau de lutter sans relâche.
Glorifions les martyrs inconnus !

Vivants tableaux de ma pensée intime,
Apparaissez, humbles souffre-douleurs,
Armés du pic, du rabot, de la lime,
Que chaque jour inonde vos sueurs.
Nombre infini de chercheurs d'espérances,
Cœurs résignés, par Dieu seul soutenus
Sur le chemin peuplé de vos souffrances,
Glorifions les martyrs inconnus !

Serfs du travail, superbes d'énergie,
Mineur, maçon, mécanicien, carrier,

Dressons ici votre nécrologie,
C'est le devoir du poëte ouvrier.
A l'aube, un jour, laissant là leur demeure,
Combien de vous n'y sont pas revenus ;
En souvenir de votre dernière heure...
Glorifions les martyrs inconnus !

Labeur sans trêve, insuffisant salaire,
Au toit obscur jette d'immenses deuils,
Frappant ensemble et la fille et la mère,
Ici la mort entr'ouvre deux cercueils :
L'une succombe à la paralysie,
L'autre, d'un mal aux symptômes connus.
Les jours sans pain enfantent la phthisie.
Glorifions les martyrs inconnus !

Le front creusé des rides du génie,
Portant le sceau de la fatalité,
Que de penseurs, dans leur lente agonie,
Ont dit ces mots : Paix et fraternité !
De leurs doigts morts quand la cithare tombe,
Au Golgotha des talents méconnus,
Pour les venger de l'oubli de la tombe,
Glorifions les martyrs inconnus !

La musique se trouve chez L. Vieillot, éditeur,
32, rue Notre-Dame-de-Nazareth.

OUVREZ

VOTRE PORTE AUX AMOURS

Paroles de madame Élie DÉLKSCHAUX.

Musique d'Adolphe VAUDRY.

Ou : AIR *N'effeuillez pas les marguerites.*
Ou : *La jeune fille à l'éventail.*

C'est le premier mai, douce amie,
Ah! revêtez vos blancs atours,
En vain vous faites l'endormie,
Ouvrez votre porte aux amours.　　(ter.)

J'ai pour vous, dès l'aube, ma belle,
Ravagé les épais buissons,
Et dans l'aubépine nouvelle
J'ai déniché de gais pinsons :
Pauvres petits, ils vous appellent,
Votre cœur est-il sans pitié?
Ah! dans les notes qu'ils épellent,
Ils vous diront mon amitié.
C'est le premier, etc.

Ouvrez au moins votre croisée,
Vous verrez que de vos lilas
Le soleil a bu la rosée ;
Lise, ne descendrez-vous pas ?
L'herbe est si douce en la prairie,
L'ombrage est si frais au bosquet,
La colline est toute fleurie,
Elle embaume comme un bouquet.
C'est le premier, etc.

Déjà Pierre pleurait de rage,
Car un mai chargé de rubans
Apprenait à tout le village
Qu'on riait de ses sentiments.
Mais un bruit vint de la chambrette,
Puis un rideau blanc oscilla,
Et sous les doigts de la coquette
La porte enfin s'entre-bâilla.

C'est le premier mai, douce amie,
Ah ! revêtez vos blancs atours,
En vain vous faites l'endormie,
Ouvrez votre porte aux amours. (*ter.*)

La musique se trouve chez L. Vieillot, éditeur, 32, rue Notre-Dame-de-Nazareth.

L'ABEILLE DU POÈTE

ROMANCE

Paroles et musique de M. Charles GLÉNY.

Où t'en vas-tu, ma frêle amie,
Chaque matin parmi les fleurs?
Chercher le miel de poésie
Au sein des agrestes senteurs?

Quoi! de ta ruche tu t'envoles,
Dès que l'aube rit au ciel bleu,
Et tu te perds dans les corolles,
Charmante abeille du bon Dieu!

Comme toi, je vais par les plaines
Chercher le doux baume des cœurs,
Je vais rêver sous les grands chênes,
Et m'égarer parmi les fleurs.

Quand ma tâche sera finie,
Quand nous verrons mourir le jour,
Tu rapporteras l'ambroisie,
Et moi, le doux miel de l'amour.

La musique se trouve chez L. Vieillot, éditeur, 32, rue Notre-Dame-de-Nazareth.

SOUVENIRS NOCTURNES

DE

DEUX ÉPOUX DU XVIIe SIÈCLE

CHANSONNETTE

AIR : *Premier mois de mes Amours.*

Il avait plu toute la journée, et n'ayant pu aller le soir faire leur partie de loto chez Mme Caquet, sage-femme, rue des Martyrs, M. et Mme Denis s'étaient couchés de bonne heure. Au bout de vingt-trois minutes, Mme Denis, qui ne dormait pas, impatientée du silence obstiné de son époux, qui n'avait pas cessé de lui tourner le dos, soupira trois fois et prit la parole :

MADAME DENIS
Quoi ! vous ne me dites rien ?
Mon ami, ce n'est pas bien ;
Jadis c'était différent ;
Souvenez-vous-en, souvenez-vous-en...

J'étais sourde à vos discours
Et vous me parliez toujours.

M. DENIS, se retournant.

Mais, m'amour, j'ai sur le corps
Cinquante ans de plus qu'alors :
Car c'était en mil sept cent,
Souvenez-vous-en, souvenez-vous-en...
An premier de mes amours
Que ne duriez-vous toujours !

MADAME DENIS, se ravisant

C'est de vous qu'en sept cent-un
Une anguille de Melun
M'arriva si galamment,
Souvenez-vous-en, souvenez-vous-en...
Avec des pruneaux de Tours
Que je crois manger toujours !

M. DENIS.

En mil sept cent-doux, mon cœur
Vous déclara son ardeur :
J'étais un petit volcan,
Souvenez-vous-en, souvenez-vous-en...
Feu des premières amours
Que ne brûlez-vous toujours.

MADAME DENIS.

On nous maria, je crois,
A Saint-Germain-l'Auxerrois,

J'étais mise en satin blanc,
Souvenez-vous-en, souvenez-vous-en...
Du plaisir charmants atours
Je vous conserve toujours.

M. DENIS, se mettant sur son séant.

Comme j'étais étoffé.

MADAME DENIS, s'asseyant de même.

Comme vous étiez coiffé.

M. DENIS.

Habit jaune en bouracan;
Souvenez-vous-en, souvenez-vous-en...

MADAME DENIS.

Et culotte de velours
Que je regrette toujours.
(continuant.)
Comme, en dansant le menuet,
Vous tendites le jarret !
Ah ! vous alliez joliment,
Souvenez-vous-en, souvenez-vous en...
Aujourd'hui nous sommes lourds.

M. DENIS.

On ne danse pas toujours.
(s'animant.)
Comme votre joli sein,
S'agitait sous le satin !
Il était mieux qu'à présent,

Souvenez-vous-en, souvenez-vous-en...
Belles formes, doux contours,
Que ne duriez-vous toujours !

MADAME DENIS.

La nuit, pour ne pas rougir,
Je fis semblant de dormir ;
Vous me pinciez doucement,
Souvenez-vous-en, souvenez-vous-en...
Mais à présent nuits et jours
C'est moi qui pince toujours.

M. DENIS.

La nuit, lorsque votre époux
S'émancipait avec vous,
Comme vous faisiez l'enfant,
Souvenez-vous-en, souvenez-vous-en...
Mais on fait les premiers jours
Ce qu'on ne fait pas toujours.

MADAME DENIS.

« Comment avez-vous dormi ? »
Nous demandait chaque ami ;
« Bien, » répondais-je à l'instant ;
Souvenez-vous-en, souvenez-vous-en...
Mais nos yeux et nos discours
Se contredisaient toujours.

M. DENIS, lui offrant une prise de tabac.
Demain, songez, s'il vous plaît,
A me donner un bouquet.

MADAME DENIS, tenant la prise de tabac sous son nez.

Quoi ! c'est demain la Saint-Jean ?

M. DENIS, rentrant dans son lit.

Souvenez-vous-en, souvenez-vous-en...
Epoque où j'ai des retours
Qui me surprennent toujours.

MADAME DENIS, se recouchant.

Oui, jolis retours, ma foi?
Votre éloquence avec moi
Eclate une fois par an ;
Souvenez-vous-en, souvenez-vous-en...
Encor votre beau discours
Ne finit-il pas toujours.

(Ici M. Denis a une réminiscence.)

MADAME DENIS, minaudant.

Que faites-vous donc, mon cœur ?

M. DENIS.

Rien... je me pique d'honneur.

MADAME DENIS.

Quel baiser !... il est brûlant.

M. DENIS, toussant.

Souvenez-vous-en, souvenez-vous-en...

MAMAME DENIS, rajustant sa cornette.
Tendre objet de mes amours,
Pique-toi d'honneur toujours!

Ici le couple bailla,
S'étendit et sommeilla.
L'un marmottait en ronflant
Souvenez-vous-en, souvenez-vous-en...
L'autre : « Objet de mes amours,
Pique-toi d'honneur toujours! »

DÉSAUGIERS.

EXIL ET RETOUR

DUO

Chanté par MM. POULTIER et BARROILHET.

Paroles de M. Édouard PLOUTIER.

Musique de M. Hippolyte MONPOU.

Vers les rives de France
Voguons en chantant,
Oui, voguons doucement,
Pour nous

Les vents sont si doux !
Pays, notre espérance,
Rivage béni,
Oui, vers ton port chéri,
Un dieu d'amour nous conduit.

Loin de toi, patrie,
Mère bien chérie !
D'un exil amer
Nous avons souffert.
Dans un jour d'alarmes,
Il fallut, en larmes,
Dire un triste adieu
A ton beau ciel bleu.
    Ah !
Vers les rives, etc.

Cette onde rapide
Semble plus limpide ;
Les cieux sont plus bleus,
Nos chants plus joyeux !
Reine des étoiles,
Souffle dans nos voiles,
Rends à leurs pays
Les Français bannis !
    Ah !
Vers les rives, etc.

Sur les vagues grises,

De suaves brises
Embaument les airs
Du parfum des mers...
Là-bas, une grève!
Ce n'est point un rêve
Pour nos yeux ravis!
Non, c'est le pays!
Ah!

Voilà, voilà la France;
Voguons doucement,
Oui, voguons en chantant,
Pour nous
Les vents sont si doux!
Pays, notre espérance,
Rivage béni,
Oui, à ton port chéri,
Le ciel nous rend aujourd'hui.

La musique se trouve chez MM. E. Gérard et C*, éditeurs, 1, rue de la Chaussée-d'Antin.

L'ARGENT ET LES AMIS

Paroles de M. Émile CARRÉ

AIR : *Dans un grenier qu'on est bien à vingt ans.*

Vous n'avez plus personne à votre suite,
Depuis qu'hélas! on vous sait ruiné;

Si vos amis ensemble ont pris la fuite,
Avez-vous lieu d'en paraître étonné ?
Pourquoi sur eux vous confondre en reproches,
En les traitant de fourbes et d'ingrats ?
Ayez toujours de l'argent dans vos poches,
Et les amis ne vous quitteront pas.   *(bis.)*

Certes, autrefois, d'inconstantes richesses
Autour de vous rassemblaient par essaims
Joyeux viveurs, élégantes maîtresses,
Loups affamés qu'engraissent vos festins.
Ces compagnons de vos folles débauches,
Vous les voyez s'éloigner à grands pas.
Ayez toujours de l'argent dans vos poches,
Et les amis ne vous manqueront pas.   *(bis.)*

J'ai de Ponsard admiré le génie ;
Je n'irai pas le priver d'un bravo,
Mais je maintiens que dans sa comédie (1)
Il ne nous a rien appris de nouveau.
Quand vos amis ont vidé vos sacoches,
De votre honneur ils ne font plus de cas.
Ayez toujours de l'argent dans vos poches,
Et leurs bravos ne vous manqueront pas.   *(bis.)*

Chacun pour toi s'agite et se démène,
Dieu des païens, si puissant et si fort !
Quoi qu'on ait fait, la pauvre espèce humaine
N'a pas cessé d'adorer le veau d'or.
Un marteau d'or attendrirait des roches
L'esprit n'est rien, l'or est tout ici-bas.

1. *L'Honneur et l'Argent.*

Ayez toujours de l'argent dans vos poches,
Et les talents ne vous manqueront pas.   (bis.)

Mais vous, ami, dont je plains la détresse,
Gueux à présent, qu'allez-vous devenir?
Un pli de deuil! — il est à votre adresse!...
Vous pâlissez! que peut-il contenir?
D'un parent riche et surtout des plus proches
Un tabellion vous apprend le trépas.
Tout son argent va passer dans vos poches,
Et vos amis reviendront sur leurs pas.   (bis.)

ENFANTS GRANDISSEZ

Paroles de Mme Marie DAVID; musique de L. ABADIE

On vous a dit que votre insouciance
Était pour vous un précieux trésor;
On vous a dit que l'âge de l'enfance
Était pour vous celui de l'âge d'or.
Ce fut le cri d'une mère trop tendre
Qui sur son cœur longtemps vous a bercés :
Mais aujourd'hui la raison fait entendre :
Petits enfants, grandissez, grandissez.

Il faut grandir, on a besoin de braves
Pour soutenir notre gloire et nos droits,

Et propager chez des peuples esclaves
Les mœurs, les arts, l'industrie et les lois.
En écoutant des récits de bataille
Vous dites-vous lorsque vous frémissez :
Un uniforme irait bien à ma taille;
Petits enfants, grandissez, grandissez.

Il faut grandir pour chanter nos conquêtes
Ou célébrer les charmes de la paix;
Pour la vertu nous voulons des poëtes,
Seule elle peut inspirer les hauts faits!
Ainsi pensaient La Fontaine et Corneille
Que sur vos bancs chaque jour vous lisez;
Leur ombre encor vous répète à l'oreille :
Petits enfants, grandissez, grandissez.

Quand vous aurez à l'arbre de la vie
Cueilli les fruits qui mûrissent pour vous;
A son banquet si la mort vous convie,
En expirant vous ferez des jaloux.
Ne craignez pas qu'au temple de mémoire
Les noms fameux soient jamais effacés,
Il est encor des pages dans l'histoire.
Petits enfants, grandissez, grandissez.

La musique se trouve chez MM. Gambogi frères, éditeurs, 112, rue Richelieu, à Paris.

LALLA-ROUKH

Paroles de MM. Michel CARRÉ et Hippolyte LUCAS

Musique de Félicien DAVID.

Ma maîtresse a quitté la tente :
Est-elle allée au rendez-vous ?
J'y cours, et l'âme impatiente,
Je la cherche en ces lieux si doux !
O fleurs qui parfumez la plaine,
Pour embaumer les airs ainsi,
Ne gardez-vous pas son haleine ?
Ma maîtresse est venue ici !

Oiseaux, vous avez dû l'entendre,
Car dans vos concerts amoureux
Je retrouve sa voix si tendre
Et ses accents si langoureux !
Beau cygne, indique-moi sa trace ;
Pour jouer sur le lac ainsi,
N'as-tu pas emprunté sa grâce ?
Ma maîtresse est venue ici !

Mais soudain je la vois paraître
Elle accourt et me tend les bras !

Mon cœur a su la reconnaître,
Je vole au-devant de ses pas!
Oiseaux qui traversez l'espace,
O fleurs, ô cygnes gracieux,
Pour moi votre charme s'efface;
Ma maîtresse est devant mes yeux!

La musique se trouve chez M. E. Girod, éditeur,
16, boulevard Montmartre, à Paris.

L'ANGLAIS MÉLOMANE

CHANSON COMIQUE

Chantée par M. Ch. Potier au théâtre
des Folies-Dramatiques.

Paroles et musique de M. Amédée de Beauplan.

Le musique anglais, je vous hassure,
Il vaut bien le musique français;
Nous, au moins, nous allons en mesure,
Et vous arrivez toujours après.
   Vous n'avez point de gaîté,
   D'esprit, d'originalité;
   Nous, au contraire, assurément,
   Nous en avons infiniment.

(*Parlé.*) Écoutez ce petit chanson, Mosseu.

Ho! my dear, ho! my dear Jenny, [pretty.
Is a little, girlis a little gil is a little gil very
Din don din don don di di di di di di di,
Din don din don di di di di di.

Ce petit chef-d'œuvre de musique
Sait exprimer tous les sentiments;
Si vous me demandez du tragique,
Soudain il m'en fournit les accents.
Si vous aimez la gaité, la piquante vivacité,
Jamais l'Italie n'a chanté avec ce volubilité.
    Ho! my dear, etc.

Tous vos airs d'amour et de tendresse,
Franchement ils m'ennuient à l'excès.
Pour huit jours je suis dans le tristesse
Quand j'entends un romance français.
Mon Dieu que c'est hennuyeux,
C'est hendormant, c'est fastidieux,
Tous ces bosquets, tous ces oiseaux,
Tous ces gazons, tous ces troupeaux.

(*Parlé.*) Franchement, pouvez-vous comparer ces stioupidités à cette délicicieuse production.

    Ho! my dear, etc.

Dans le genre noble, que repondre
Au God save, à ce chant immortel!

Si Hendel il n'est pas né dans Londre,
Il s'inspira sous notre beau ciel. [je dis oui,
Comme il enfonce Grétry, Auber, Boïeldieu, et
Si vous dit' un mot, je dis comme il enfonce
[Ro-sini.

(*Parlé.*) Ce petit mosseur Rossini a-t-il jamais enfanté quelque chose de simple et de naturel comme cette ravissante mélodie de notre grand Hendel?

Ho! my dear, ho! mai dir ho! mai dir d'Jenny,
Iz è little gueurl, izè little gueurl, iz gueurli,
Din don din don di di di di,   [very pretty.
Din don din don din don di di di di di.

La musique se trouve chez MM. A. Ikelmer et Cⁱᵉ, éditeurs, 4, boulevard Poissonnière.

SPEECH

CHANSONNETTE ANGLAISE

Interprétée par M. BERTHELIER.

Paroles de M. E. BOURGET; musique de G. BAXEUX

Le peuple anglais de l'Angleterre,
Il était lé premier de tous;

En vain le France aura beau faire,
Il restera bien loin de nous.
Nous sommes graves constamment,
Chez les Français, c'est différent...

(*Parlé.*) Oh! les Français, ils ne connaissaient bien qu'une chaose :

C'était le polka,
Tojor le polka,
En Frince,
C'était par trop de dinse!...
Tojor le polka
Ou le mazourka,
Vo ne les sortirez jémais de là.

(*Parlé.*) No!...

Loin de traiter à la légère
L'amour, cet' sentiment sérieux,
Nous en faisons un' grave affaire,
Un et un, por no, c'était deux.
Vo, Français, lorsque plein d'ardeur
Vo faisez votre joli cœur...

(*Parlé.*) Qu'est-ce que vo faisez alors?...
Oh! c'était pas difficile... tenez... (Il prend une pose de danseur.)

Tojor le polka,   (*bis.*)
En Frince,

C'était par trop de dinse.
Tojor le polka
Ou le mazourka,
Vo ne les sortirez jémais de là.

(*Parlé.*) No!...

Quand il volait faire le guerre,
Plus calme et froid que vo, Français,
Le piple anglais de l'Angleterre,
Ne pressait lui jémais, jémais,

(Il prend la position du soldat qui croise la baïonnette.)

Vo, vo tombez comme un éclat
D'obus... et pendant le combat...
Tojor le polka, (*bis.*)
En Frince,
C'était par trop de dinse,
Tojor le polka
Ou le mazourka,
Vo ne les sortirez jémais de là.

(*Parlé.*) No!...

J'ai commencé pour l'Angleterre,
Mon petit speech sur les Français,
Mais je savais plus comment faire,
Pour en sortir avec succès.

Comme vo, moi, je n'avais pas,
Pour me tirer de l'embarras...

(*Parlé.*) Vo comprenez, je n'avais pas...

(Il prend une pose.)
>Tojor le polka   (*bis.*)
>En Frince,
>C'était par trop de dinse;
>Tojor la polka
>Ou le mazourka,
No, vous ne sortirez pas de là.

(*Parlé.*) No !...

La musique se trouve, à Paris, chez MM. Gambogi frères, éditeurs, 112, rue Richelieu.

LE SABOTIER

CHANSONNETTE

Chantée par M. Sainte-Foy, de l'Opéra-Comique,
aux concerts du Ménestrel.

Paroles de M. E. Bourget; musique de M. P. Henrion.

>Il était un gros sabotier
>>Du beau pays de Bresse,

Matin et soir à l'atelier,
   Et travaillant sans cesse.
      L'aube naissait
      Et paraissait,
   Qu'il était à la peine,
      Raclant, forant,
      Et rabotant,
   Chantant à perdre haleine :
   Cogne, cogne, sabotier,
      A l'ouvrage,
      Fais tapage !   ⎫
   Cogne, cogne, sabotier,   ⎬ bis.
      C'est ton métier !   ⎭

Comme au trop fameux savetier
   Que chanta La Fontaine,
Il advint à ce sabotier
   Une très-forte aubaine ;
      Notre stentor,
      Guettant son or,
   Tremblait de le voir prendre...
      De ce jour-là,
      Il déchanta,
   Et l'on cessa d'entendre :
   Cogne, cogne, etc.

Étant riche comme un Crésus,
   Ce sabotier prit femme
Qui lui fit sauter ses écus,

Et puis qui rendit l'âme ;
Notre homme heureux
Et tout joyeux,
Disait en bon apôtre :
J'avais des maux
Et deux fléaux,
Mais l'un m'emporte l'autre...
Cogne, cogne, etc.

Voulez-vous savoir en deux mots
La fin de cette histoire,
C'est que ce faiseur de sabots,
Aima toujours à boire.
Puis il mourut,
Comme il vécut,
Que le ciel le conduise !
Ne laissant, las !
Rien ici-bas,
Si ce n'est sa devise :
Cogne, cogne, sabotier,
A l'ouvrage,
Fais tapage ! } *bis.*
Cogne, cogne, sabotier,
C'est ton métier !

La musique est chez M. COLOMBIER, 6 rue Vivienne.

CHÉ CHA OUNA FÊCHTE

CHANSON AUVERGNATE

Chanté par M. CHAUDESAIGUES.

Paroles de M. EUGÈNE PIERSON,

Musique de M. STORNO DE BOLOGNI.

Je m' choms' tremoussa,
  Oui-da;
Ché cha z'un' fêchte,
Ous que jons dansa,
  Sauta,
Couru, gambada,
Toute la journa,
Que chen perdais prechque la têchte.
Dam', fallait voir cha;
Mais ch'est chur tout au grand gala,
Que ch' m'en chouis donna,
 Oh! mais donna;
T'nez, jusch'que là!

Chet ait Piarre, nochtre garchon,
Qu'épougeait m'am'gelle Fanchette,

Ch'te fille qu'dans nochtre canton,
On appell' la p'tite Finette.
C'pauve gars n'ayant point d' parens,
J'ai dit ch' t' chervirai de père.   (bis.)
Dam', je crais qu'entre braves gens,
Chest ben le moins qu'on puich' faire.

(*Parlé*) Chetait cha onna bella noche... quachtre muguettes et onna groche caiche qui vous faichaient chanta comme des marionnettes... fallait voir comme cha marchait, tout le monde criait, riait, chantait : chétait Piarre par-chi, Jacquot par-là ; onna noche Complète, quoi ! auchi fichtrrrrra, nous nous chommes t'y amugeai, gn'y avait ni hommes, ni femmes, nous ch'étions tous Auvergnats... chrrrechti !

Je m' choms' tremoussa, etc.

Pour rendre le plaisir plus grand,
Autour d'une table fort belle,
J'nous chommes tous mis chur un rang,
Et j'ons pris à mêm'la gameile.
Dam', y m'chemble qu' entre pays,
Fair' des fachons, c'est d' la folie,   (*bis.*)
Car che n'est jamais entre amis
Qu'on doit fair' d' la chérémonie.

(*Parlé.*) Auchi Piarre, qu'avait ben compris

la choge, il avait fait chervir le dîner dans un cheul plat ; même que le rechtaurateur il avait oublié dedans la perruque de cha femme. Mais ché tégal... fichtrrrrra, nous nous chommes t'y amugeai, gn'y avait ni hommes, ni femmes, nous ch'étions tous Auvergnats... chrrrechti!

Je m'choms' tremoussa, etc.

Che gêner, cha ne me va pas ;
Auchi pendant que malchtre Piarre,
Près d'Fanchette faichait les beaux bras.
Pour tabouret j'ai pris j'un' piarre ;
Puis j'à chaque nouveau refrain,
Pour fair' pacher la chanchonnette, (bis.)
Nous nous verchions un ver' de vin :
Ché cha j'une noche complète !

(Parlé.) Auchi avant la fin de la chégonde contredanche, nous ch'étions tous sous la table à ronfler comme des amours... Ch'était cha onna mougique... même que la groche caiche en a crêvé cha peau. Mais ché tégal... fichtrrrrra! nous nous chommes t'y amugeai, gn'y avait ni hommes, ni femmes, nous chétions tous Auvergnats... chrrrechti!

Je m' choms' tremoussa,
   Oui-da ;
Ché cha z'un' fêchte,

12

Ous que jons dansa,
Sauta,
Couru, gambada,
Toute la journa,
Que che perdais prechque la têchte.
Dam', fallait voir cha !
Mais ch'est churtout au grand gala,
Que ch' m'en chouis donna,
Oh ! mais donna :
T'nez, jusch'que là !

La musique se trouve, à Paris, chez Mme veuve Paté, éditeur, 47, rue Lafayette, et chez L. Vieillot, éditeur, rue N.-D.-de-Nazareth, 32.

LA CLEF DES CHAMPS

Paroles de Ch. COLMANCE; musique de Jules JAVELOT.

Courez du Caucase au Tropique,
Voguez du pôle à l'équateur;
Cherchez la gloire ou le bonheur
Dans les arts, dans la politique.
Jusqu'aux cieux planez dans les airs,
Créez d'innombrables usines;
Cherchez la perle au fond des mers,
Le diamant au fond des mines.

 Il est un trésor
 Qui partout domine,
 Plus doux que l'hermine,
 Plus brillant que l'or,
 Joyau qui réveille
 Les plus indolents,
 Et cette merveille,
 C'est la clef des champs!

Toujours inquiet dans ta cage,
Que cherches-tu, petit oiseau?
Tu murmures, gentil ruisseau,
Dont un caillou clôt le passage;

L'alouette dit ses regrets
Sous le joug d'un maître inflexible,
Et captif, le roi des forêts
Répond dans sa langue terrible :
    — Je cherche, etc.

Sous la grille d'un monastère,
Jeune fille au regard si doux,
On te présente pour époux
Un vieillard qui serait ton père,
Et cependant, avec faveur,
Tu reçois cette offre fatale ;
Dis-moi, cherches-tu le bonheur
Dans cette alliance inégale ?
    — Je cherche, etc.

Habitant de cette tourelle,
Que fais-tu dans cet angle obscur ?
Espères-tu percer ce mur
A l'aide d'un ciseau si frêle ?
A petit bruit et brin à brin,
Tu mines la froide barrière ;
Insensé, du soir au matin,
Que cherches-tu sous cette pierre ?
    — Je cherche, etc.

De l'esclave c'est l'espérance,
Le salut du persécuté ;
C'est la sœur de la liberté,
La mère de l'indépendance.

Pour tous, par d'immuables lois,
Dieu fit l'air pur et la lumière,
Et des peuples la grande voix,
Redit dans la nature entière :

Je cherche un trésor
Qui partout domine,
Plus doux que l'hermine,
Plus brillant que l'or,
Joyau qui réveille
Les plus indolents,
Et cette merveille,
C'est la clef des champs!

La musique se trouve chez M. A. Huré, éditeur, à Paris, 4, rue Salomon-de-Caus (Square des Arts et Métiers).

LA JUIVE

GRAND AIR

Chanté par M. Duprez, dans l'opéra de ce nom, au théâtre de l'Académie Royale de Musique.

Paroles de M. E. Scribe; musique de F. Halévy.

ELÉAZAR.
Va prononcer ma mort, ma vengeance est [certaine,
C'est moi qui, pour jamais, te condamne à [gémir;

J'ai fait peser sur toi mon éternelle haine,
Et maintenant, je puis mourir.

Mais ma fille, ô Rachel !
Quelle horrible pensée
Vient déchirer mon cœur ;
Délire affreux, rage insensée,
Pour me venger, c'est toi qu'immole ma
 Rachel, quand du Seigneur,   [fureur!
La grâce tutélaire,
A mes tremblantes mains
Confia ton berceau,
J'avais, à ton bonheur,
Voué ma vie entière,   } *bis.*
Et c'est moi qui te livre au bourreau!
Et c'est moi qui te livre au bourreau!

Mais j'entends une voix qui me crie :
Sauvez-moi de la mort qui m'attend;
Je suis jeune, et je tiens à la vie,
O mon père, épargnez votre enfant!
Je suis jeune, et je tiens à la vie,
O mon père, ô mon père, épargnez votre
                Ah !   [enfant!
Rachel, quand du Seigneur,
La grâce tutélaire,
A mes tremblantes mains
Confia ton berceau,
J'avais, à ton bonheur,

Voué ma vie entière,
Et c'est moi qui te livre au bourreau ! (bis.)
Rachel, je te livre au bourreau ! [bourreau !
Rachel, c'est moi, moi, moi, qui te livre au

Et d'un mot (bis) arrêtant la sentence,
D'un mot arrêtant la sentence,
Je puis te soustraire au trépas,
   Ah !
J'abjure à jamais ma vengeance, (bis.)
Rachel, non tu ne mourras pas ! [j'allais
Vous voulez notre sang, chrétiens, et moi,
Vous rendre ma Rachel, non, non, jamais !

  Dieu m'éclaire,
  Fille chère,
  Près d'un père
  Viens mourir ;
  Et pardonne,
  Quand il donne
  La couronne
  Du martyr ;
  Vaine crainte,
  Plus de plainte, (bis.
  En mon cœur ;
  Saint délire
  Qui m'inspire,
  Ton empire

Est vainqueur.
Dieu m'éclaire,
Fille chère,
Près d'un père
Viens mourir;
Et pardonne,
S'il te donne
La couronne
Du martyr.

Israël la réclame ! (bis.)

C'est au Dieu de Jacob que j'ai voué son âme ;
Elle est à moi, c'est notre enfant,
Et j'irais en tremblant pour elle,
Prolongeant ses jours d'un instant,
Lui ravir la vie éternelle
Et le ciel qui l'attend.
Non, non, jamais !
Dieu m'éclaire,
Fille chère,
Près d'un père
Viens mourir;
Et pardonne
Quand il donne
La couronne
Du martyr.
Vaine crainte,
Plus de plainte (bis.)

En mon cœur;
Saint délire
Qui m'inspire,
Ton empire
Est vainqueur.
Dieu m'éclaire,
Fille chère,
Près d'un père
Viens mourir;
Et pardonne
S'il te donne
La couronne
Du martyr.
Pardonne,
S'il te donne   ⎫
La couronne   ⎬ (bis.)
Du martyr.   ⎭
S'il te donne
La couronne   (bis.)
Du martyr!

La Musique se trouve chez MM. Brandus et Cie, édit., 103, rue Richelieu, à Paris.

LE VIEUX FUMEUR

PHILOSOPHIE DE LA PIPE.

Paroles de Léon MAUD'HEUX.

Air des *Coquilles*.
ou : *Encore une perle qui tombe.*

Loin du bruit d'un monde importun,
En te fumant, pipe chérie,
Je goûte avec ton doux parfum
Le charme de la rêverie !
Je souris de la douce erreur
De ma jeunesse consumée
A courir après le bonheur,
Plus fugitif que ta fumée. } *bis.*

De revenir à mon printemps
Pourrais-je avoir la folle envie,
Quand la vapeur que tu répands
M'offre l'image de la vie ?
Rêves mensongers de grandeurs,
De fortune et de renommée,
D'espérances et de faveurs
Qui se dissipent en fumée. } *bis.*

Je crus de la fortune, un jour,
Avoir fixé l'humeur volage.
Que de plans je fis tour à tour
Pour mon trésor et son usage !
J'avais hôtel, laquais, chevaux,
Amis... maîtresse bien-aimée...
Un tour de roue... adieu ! châteaux,   } bis.
Dont je n'ai vu que la fumée !

J'ai juré, buveur alité,
Contre le vin et la guinguette ;
J'ai juré, joueur maltraité,
Contre les dés et la roulette ;
Dupe, sous des dehors charmants,
D'une coquette consommée,
Cent fois j'ai juré... vains serments   } bis.
Qui s'évaporaient en fumée !

Toujours ballotté par le sort
Parfois heureux, souvent à plaindre,
En fumant, j'approche du port,
Sans le chercher et sans le craindre.
Quand la vie en moi s'éteindra
Et que tu seras consumée,
De nous, ma pipe, il restera...   } bis.
Quoi ?... la cendre après la fumée.

MA DERNIÈRE NUIT DE GARÇON

Paroles de Charles GLÉNY.

Air : *Passez, gais bateliers* (Étienne MERLE).

Minuit vient de sonner, je suis seul et je rêve
Aux instants fugitifs par le temps dévorés,
O mes doux souvenirs, ma liberté s'achève,
Je vous caresse encor, souvenirs adorés !
Fantômes du passé, revenez à cette heure,
Revenez me sourire une dernière fois.
Comme un essaim joyeux emplissez ma demeure,
    A moi, jours charmants d'autrefois !

A mon triste foyer, plus de flamme qui brille.
Pourquoi courir si vite, horloge du bon Dieu ?
Marche plus lentement, ô trop rapide aiguille !
Aube, retarde encore à sourire au ciel bleu !

Lorsque j'avais vingt ans, que la vie était douce !
Comme le cœur alors s'ouvre aux illusions !
Comme j'aimais rêver et dormir sur la mousse
Dans ces beaux jours remplis de parfums, de rayons !
Que de doux soirs passés sous les fraîches tonnelles !
Le vin pur inondait nos coupes jusqu'au bord...
Aux refrains de ces temps, aux charmes de nos belles,

Ah ! laissez-moi songer encor,
A mon triste foyer, etc.

Que de billets donnés chaque soir en cachette !
Un rapide coup d'œil... et tout était compris !
Le mari dans un coin parcourait la gazette...
Que je me suis moqué de ces pauvres maris !
Mais Dieu ! quelle lueur blanchit à ma fenêtre ?
Est-ce le jour qui vient ? Je voudrais le voir fuir ;
Car lorsque du matin l'étoile va paraître,
Ma liberté, tu vas mourir !

A mon triste foyer, plus de flamme qui brille.
Pourquoi courir si vite, horloge du bon Dieu ?
Marche plus lentement, ô trop rapide aiguille !
Aube, retarde encore à sourire au ciel bleu !

LE BIEN VIENT EN NAVIGUANT

RONDE

Chantée par M. Boutin, au théâtre
de l'Amb.-Comique, dans *le Naufrage de la Méduse*.

Paroles de Ch. Desnoyers, musique de A. Vaillard.

Il était un matelot
Qui partait pour le Congo. } *bis.*

A terre, il avait laissé
    Son tendre objet,   (bis.)
Margot, Margot, femme adorée :
  Et vous allez voir comment   ⎱ bis.
  Le bien vient en naviguant.   ⎰

Le jour qu'à la voile il mit,
Faut-il partir, qu'il lui dit...
Sans t' laisser, à mon départ,
    Un p'tit moutard
Qu'ait m'a tournure et mon regard ?
  Qui m' rappelle à sa maman,
  Si j' trépasse en naviguant !

Margot répond : beau mat'lot,
Pars bien vit' pour le Congo.
Va gagner l'or du Pérou ;
    Adieu, bijou.
Au retour, tu s'ras mon époux !
  Tu s'ras l' pèr' de mes enfants...
  Le bien vient en naviguant.

La belle attendit trois ans ;
Il revint en lui disant :
Me revoilà, Margoton,
    Embrass'moi donc.
Et plus de navigation ;
  Car j' nai pas un sou vaillant.
  L' bien n' vient pas en naviguant.

Mais réponds-moi donc, Margot \} bis.
Qu'est-c' que c'est qu' ces deux marmots ? \}
La bell' lui dit : pour ta part,
A ton départ, (bis.)
Tu ne voulais qu'un p'tit moutard ;
En v'là deux, mon cher amant ; \} bis.
Le bien vient en naviguant. \}

ET LA LAMPE NE BRULAIT PLUS

ÉLÉGIE

Chantée par M. Renard, de l'Opéra.

Paroles de M. le baron Gaston DE FLOTTES.
Musique de M. G. Bénédit.

Il était nuit ; veillant près de la couche
Qu'ornaient la croix et le rameau béni,
Elle priait, effleurant de sa bouche
Un front aimé par la douleur terni.
Auprès du lit la lampe vacillante
De chaque objet nuançait les contours ;
De froid Marie était toute tremblante, \} bis
Et la lampe brûlait toujours. \}

« Donne ta main, disait la jeune fille,
« Ma bonne mère! allons, réveille-toi! »
Puis elle essuie une larme qui brille
Dans ses beaux yeux pleins de trouble et d'ef-
« Si, tout enfant, j'aimais avec délire   [froi.
« Celle qui m'a prodigué ses amours!
« Dis un seul mot, que j'obtienne un sourire! »
Et la lampe brûlait toujours.

Alors, levant sur elle son front pâle,
Glacé déjà du souffle de la mort,
En souriant sa pauvre mère exhale
Ces derniers mots avec un long effort :
« Oui, du moment où le Ciel te fit naître,
« Tu fus la joie et l'ange de mes jours!
« Mais Dieu le veut, et Dieu seul est le maître... »
Et la lampe brûlait toujours.

« Je te bénis! » Puis ses mains retombèrent,
Et le rayon s'éteignit dans ses yeux ;
Tout fit silence, et les prêtres trouvèrent
Deux corps unis dont l'âme était aux cieux.
Rien de changé dans cette humble demeure
Où le Seigneur visita ses élus;
Pas un parent, pas un ami qui pleure... ⎫
Et la lampe ne brûlait plus.   ⎬ bis.
                                        ⎭

La musique se trouve chez MM. E. Gérard et Cᵒ,
1, rue de la Chaussée-d'Antin.

LA SOUPE AUX CHOUX

CHANSON

DE CHARLES COLMANCE

Air : *Adieu, les filles d'Auvergne.*

J'aime ce qui se mange.
Gras, maigre, entrelardé
    Ou bardé ;
Le cornichon, l'orange,
Le rôti, le ragoût ;
    Mais par goût,
   Ce qui me tente
   Et m'enchante,
C'est la soupe aux choux
Que l'on fait chez nous.

Entre nous, je me moque
Du thon, du limaçon,
    Du cresson ;
Pour moi l'œuf à la coque,

Même comme ingrédien,
Ne vaut rien.
Ce qui me tente, etc.

Ma ménagère grogne,
Ses enfants sont criards
Et bavards ;
Mais après ma besogne,
Quand je viens chaque soir
Les revoir,
Ce qui me tente, etc.

Bien que d'humeur gaillarde,
Pour moi l'air folichon
De Fanchon
N'est que de la moutarde ;
Je suis plus affamé
Qu'enflammé.
Ce qui me tente, etc.

Pour planter des patates,
L'un court vers le Pérou
Comme un fou.
L'autre use ses savates,
Pour vendre à Mexico
Du coco.
Ce qui me tente, etc.

Il faut, pour être brave,
Se poser le chaudron
    D'un dragon,
Le cotillon d'un zouave
Ou le bleu caraco
    D'un turco.
  Ce qui me tente, etc.

Or, l'appât qui m'excite,
Tout mon bonheur enfin,
    Quand j'ai faim,
Se fait dans la marmite,
Avec du lard fumé,
    Parfumé.
  Ce qui me tente
    Et m'enchante,
C'est la soupe aux choux
Que l'on fait chez nous.

LUCIE DE LAMMERMOOR

DUO

Chanté par M. Duprez et Mlle Nau, au théâtre de l'Opéra.

Musique de M. G. Donizetti.

Paroles de MM. Alphonse Royer et Gustave Vaez.

LUCIE.

Vers toi toujours s'envolera
  Mon rêve d'espérance;
Le bruit des flots pour toi sera
  L'écho de ma souffrance;
Si mon pauvre cœur désolé
  A sa douleur succombe,
Ah! cueille dans ce bois isolé
  Une fleur pour ma tombe.
Adieu! adieu tout mon bonheur!
La mort, la mort est dans mon cœur
  Adieu, adieu bonheur!

EDGARD.

Vers toi toujours s'envolera
  Mon rêve d'espérance;

Le bruit des flots pour toi sera
   L'écho de ma souffrance;
Et si ton amant désolé
   A sa douleur succombe,
Donne une larme à l'exilé,
   Que ton cœur soit sa tombe.
Adieu! adieu tout mon bonheur!
La mort, la mort est dans mon cœur,
   La mort est dans mon cœur!

Ensemble :

Vers toi toujours s'envolera
   Mon rêve d'espérance;
Pour moi, le bruit des flots sera
   L'écho de ma souffrance.

EDGARD.

Si mon pauvre cœur désolé
   A sa douleur succombe,
Donne une larme à l'exilé,
   Que ton cœur soit sa tombe.

LUCIE.

Jette quelques fleurs sur ma tombe.

Ensemble :

Adieu! adieu tout mon bonheur!
   La mort est dans mon cœur.

Ah ! adieu tout mon bonheur,
Tout mon bonheur !

LUCIE DE LAMMERMOOR, opéra en 2 actes et 4 tableaux, paroles de MM. A. Royer et Vacz, musique de M. G. Donizetti. En vente chez M. Tresse, éditeur, 2 et 3, galerie de Chartres, Palais-Royal. Prix : 1 fr.

VIVE LE DIMANCHE

Musique de Paul Henrion.

Air du *Louvetier*

Prends, Jeanneton, ta robe blanche,
Ne songeons plus à l'atelier ;
Nous sommes enfin au dimanche, } (bis)
Courons aux champs nous égayer.
    Partons !
  Allons, que l'on s'apprête,
    Dieu fit ce jour pour nous ;
Après le travail vient la fête,
    Faisons les fous.

L'architecte de l'univers
Mit six jours à bâtir le monde,

Puis s'élevant au sein des airs
Il jeta les yeux à la ronde :
Je suis, dit-il, content de moi,
Mais reposons-nous par ma foi.
    Faisons comme lui,
      Disons aujourd'hui :
    Ah! vive le repos!
Prends, Jeanneton, etc.

Dans les environs de Paris
S'il n'est pas à ma tourterelle
Le moindre petit oasis [1]
Pour les amoureux, viens, ma belle ;
Boulogne, Vincennes, Bondy,
Meudon et Romainville aussi
    Ont des coins charmants,
      Discrets en tous temps.
    Ah! vive le repos!
Prends, Jeanneton, etc.

Du petit-bleu de Bagnolet,
Nanterre, Argenteuil ou Suresne,
Vidant maint pichet aigrelet,
Ou bien en côtoyant la Seine,
A Saint-Cloud, Asnières, Saint-Ouen,
Dans la luzerne ou le sainfoin,

---

1. Bois de palmiers.

Loin des curieux,
Nous dirons, joyeux :
Ah ! vive le repos !
Prends Jeanneton, etc.

Parmi les fleurettes des champs
Si tu trouves la marguerite,
Ah ! demande-lui si je mens
Lorsque je vante ton mérite.
Elle te dira tout à coup :
Il t'aime ! non *peu*, mais beaucoup.
Accepte ma foi,
Et dis avec moi :
Ah ! vive le repos !
Prends, Jeanneton, etc.

Viens ! laissons fêter saint Lundi
Aux compagnons de la paresse,
Et, pendant tout un sextidi[1],
Au travail livrons-nous sans cesse.
Du dimanche sachons jouir,
Consacrons-le tout au plaisir ;
Rions et sautons,
En chœur répétons :
Ah ! vive le repos !
Prends, Jeanneton, etc.

1. Six jours (calend. républ.).

Le courage seul rend heureux,
Il permet qu'aisément l'on aide
L'ami qu'un sort malencontreux
De toute sa rigueur excède ;
Puis quand arrivent nos vieux jours,
Son produit nous prête secours.
    Songeons-y demain,
      Mais, pour ce matin,
        Ah ! vive le repos !
Prends, Jeanneton, etc.

LE SECRET DE ROSE

Paroles de M. Auguste ALAIS.

Musique de M. Steffano PUGNO.

AIR : *Encore une perle qui tombe !*

Admis à vos gais rendez-vous,
Jeunes filles, troupe rieuse,
J'ai remarqué l'une de vous
A l'écart se tenant rêveuse.
Vous, ses compagnes de plaisirs,
Vous devez en savoir la cause,
Votre âge est celui des désirs,
Dites-moi le secret de Rose. } *bis.*

Rose, lorsque vous folâtrez,
N'a plus sa vive étourderie.
Est-il vrai ? quoi ! vous ignorez,
Le sujet de sa rêverie ?
Interrogeons bien son miroir,
Ses yeux, sa bouche demi-close,
O vous qui devez tout savoir,
Dites-moi le secret de Rose.

Pâquerettes, vous qu'au vallon
Les doigts furtivement effeuillent,
Tendres fleurs qui portez son nom,
Lilas, qu'en mai les amours cueillent,
Bouquets sous la mousse blottis,
Que l'aube de ses pleurs arrose,
Pervenches et myosotis,
Dites-moi le secret de Rose.

La floraison en son parcours
De parfums dote nos corbeilles,
Et dans la ruche des amours
Zéphyr éveille les abeilles ;
Dans ses atours, quinze printemps
Font surgir, ô métamorphose !
Taille fine aux contours naissants :
Voilà tout le secret de Rose !   } *bis.*

La musique se trouve chez L. Vieillot, éditeur
à Paris, 32, rue N.-D.-de-Nazareth.

TU T'EN F'RAIS MOURIR

CHANSON ENTRE DEUX VINS

Paroles d'Alex. AMELINE; musique de L. BOUGNOL.

Ouvrier toute la semaine,
Le dimanche, je suis rentier!
Pour me délasser de ma peine,
Je *nopce* ce jour tout entier.   (*bis.*)
Je bois rasade sur rasade;
Mais quand je ne peux plus m' tenir,   (*bis.*)
Je me dis : Halte, camarade,
Halte-là! tu t'en f'rais mourir.

C'était la semaine dernière,
Près des fortifications,
Je rencontre un' particulière,
Objet de mes affections.
Je l'emmène à la promenade,
J' lui paie tout c' qui lui fait plaisir
Veut-ell' pas du veau, d' la salade?
Halte-là! tu t'en f'rais mourir.

En flânant sur l' bord de la Seine,
J' suis accosté par un turco;
Il avait un' drôl' de dégaine,
En somme, un bien vilain coco.

J'offre un litr' pour la rigolade,
M' disant : Mahomet va rougir !
Y boit ça comm' d' la limonade,
Halte-là ! tu t'en f'rais mourir.

La femme d'un d' nos camarades,
Veuv' de son quatriém' mari ;
Ne m'envoie-t-ell' pas des œillades,
En m'app'lant tout bas : son chéri.
Hier encor elle m' dit : Je t'aime ;
Le veuvage me fait maigrir ;
Si tu voulais êtr' mon *cintième?*
Des navets ! tu t'en f'rais mourir.

Il m'arrive une triste affaire,
Jeudi dernier, au magasin,
J'ai fait un peu trop ma poussière,
(J'avais trop bu l' jus du raisin.)
A la suite d'une dispute,
Deux coups d' poing viennent m'étourdir.
On parle d' continuer la lutte,
Oh ! la la ! Tu t'en f'rais mourir.

A la fin d'une chansonnette,
On sollicite le public ;
Pourtant une crainte m'arrête,
Je tremble, car voilà le hic.　　　　　　　　(*bis.*)
Si ma chanson n'a pas su plaire,
Quand je vous prierai d'applaudir,

Ne dites pas d'un ton sévère :
Les bravos ? tu t'en frais mourir.

La musique chez L. Vieillot, éditeur, à Paris
rue N.-D.-de-Nazareth.

LA JEUNE FILLE A L'ÉVENTAIL

CHANSON D'ESPAGNE

Chantée par Mme LEFÉBURE-WÉLY,
aux concerts du Ménestrel.

Paroles de M. Étienne TRÉFEU, musique de M. L. ABADIE.

Sur le Prado, près de la grille,
J'ai ramassé, charmant trésor,
Un éventail de jeune fille,
En bel ivoire et garni d'or.
La sénora qui le réclame
A les yeux noirs, les dents d'émail ;
Pour l'obliger, je rendrais l'âme ;
Mais j'ai gardé son éventail...
Pour être heureux, garçons et filles,
Gardez longtemps, gardez toujours,

Sous vos manteaux, sous vos mantilles,
Le doux secret de vos amours !

L'autre matin, j'entre à l'église,
En pénétrant sous le portail,
Je reconnus, belle en sa mise,
La jeune fille à l'éventail ;
Je la suivis dans la chapelle,
Je la suivis tremblant d'émoi ;
Je sais comment elle s'appelle ;
Mais j'ai gardé son nom pour moi !...
    Pour être heureux, etc.

Elle est partie... est-ce dommage !
Elle est déjà sous d'autres cieux ;
Son éventail et son image,
Plus que jamais charment mes yeux.
En nous quittant, loin de la ville,
Ce que m'a dit la sénora,
Moi seul le sais, gens de Séville,
Et nul de vous ne le saura...
Pour être heureux, garçons et filles,
Gardez longtemps, gardez toujours,
Sous vos manteaux, sous vos mantilles,
Le doux secret de vos amours !

La musique se trouve chez M. Meissonnier fils, éditeur, 18, rue Dauphine, à Paris.

ÇA VOUS FAIT D' L'EFFET

Paroles de M. Émile Dufour.

Musique de M. Victor Robillard.

Oui, m'n ami, j' sis mariai
D'puis la fin d' la s'main' dernière ;
Faut que j' te cont' la manière
Comm' quoi qu' tout ça s'est passai :
Un beau soir avec Toinette
J' dévisions, quand tout à coup,
V'là que j' l'embrassis sur l' cou,
J' crois qu' j'avais perdu la tête.

(*Parlé.*) Ah ! m'n ami qué trembellement qu' ça m'a donai !!!

Ah ! tu n' sais point, Ganivet,
Combien qu' ça vous fait d' l'effet !
Quand not' cœur d'homm' y palpite,
Vrai, tu t' marirais tout d' suite,
Si tu savais, Ganivet,
Combien qu' ça vous fait d' l'effet. } *bis.*

Avec min pèr' drès l' lend'main
J'allim's chez celui d' Toinette.

Min pèr' d'un' façon tout' nette
Pour moi lui d'mandit sa main ;
J'avais pus d' sang dans les veines ;
Mais v'là l' pèr' qui dit tout dret :
J'y consens pisq' ça leux plaît ;
Qu'y s' marient aux c'ris's prochaines.

(*Parlé.*) Ah ! m'n ami qué trembellement qu' ça m'a donai !!!

Ah ! tu n' sais point, etc.

Tout fut bientôt griffonnai
Chez môsieur Judas l' notaire,
Queuq' temps après, môsieur l' maire
Nous r'çut dans son cabinet ;
Y nous dit d'un air hônête :
De vôt' consent'ment v'nez-vous,
Mes enfants, pour être époux ?
Oui-da ! répondit Toinette.

(*Parlé.*) Ah ! m'n ami qué trembellement qu' ça m'a donai !!!

Ah ! tu n'sais point, etc.

A l'églis' c'était un train
A vous étourdir la tête,
L' son des cloch's, les coups d' sônette,
Et tout l' plain-chant du lutrin !

A la fin, j' vois l' doux visage
De Toinett' qui pâlissait,
A sin doigt l'curé glissait
Not' anneau de mariage.

(*Parlé.*) Ah! m'n ami qué trembellement
qu' ça m'a donai!!!

Ah! tu n' sais point, etc.

C'est la nuit d' la noc' surtout
Qu'est une fiér' çarimonie,
Tous les gas d' la compagnie
Buviont, chantiont, cassiont tout;
Quand l' matin, après la danse,
La fill' d'honneur en m' pinçant,
M' dit comme ça : Toinett' t'attend,
J' songeais choir en défaillance.

(*Parlé.*) Ah! m'n ami qué trembellement
qu' ça ma donai!!!

Ah! tu n' sais point, Ganivet,
Combien qu' ça vous fait d' l'effet!
Quand notr' cœur d'homm' y palpite,
Vrai, tu t' marirais tout d' suite,
Si tu savais, Ganivet, ⎫
Combien qu' ça vous fait d' l'effet. ⎭ *bis*.

La musique se trouve chez MM. Gérard et Cie,
1, rue de la Chaussée-d'Antin.

AIMEZ, CHANTEZ TOUJOURS!

Paroles de M. A. DARDAUX; musique de C. TRAILIN.

Allons, chantez, troupe aimable et rieuse
De joyeux fous, de francs écervelés;
Pour vous la vie encore insoucieuse
Ne compte pas de rêves envolés;
Votre gaîté de la mélancolie
Chasse le spectre au nom des gais amours.
On vit heureux au bruit de la folie,
Allons, jeunesse, aimez, chantez toujours,
Allons, jeunesse (*bis*), aimez, chantez toujours!

Aimez, chantez, puisque le Ciel vous donne
Fleurs et baisers à cueillir en chemin;
De vos vingt ans la brillante couronne
Garde vos fronts des rides du chagrin.
Vous n'avez pas senti le vent d'orage,
Souffle maudit qui flétrit les beaux jours,
Du sort jaloux pour défier l'orage,
Allons, jeunesse, etc.

Aimez, aimez, jeunesse, aimer c'est vivre,
La vie, enfants, est amour et gaîté;
Aux noirs pensers lorsque l'esprit se livre,
Le cœur toujours y perd de sa bonté,

Plaignez celui qui ne sait plus sourire
Dont l'âme est morte à tout joyeux discours ;
Qu'aux gais propos votre verve s'inspire.
Allons, jeunesse, etc.

Aimez, chantez, mais gardez dans votre âme
L'amour du beau, des penchants généreux,
Du feu sacré n'éteignez pas la flamme,
Du Ciel, enfants, c'est un don précieux.
Ne livrez pas aux baisers de l'orgie
La blanche fleur de vos jeunes amours,
Son souffle impur flétrirait votre vie.
Allons, jeunesse, aimez, chantez toujours,
Allons, jeunesse (*bis*), aimez, chantez toujours !

La musique chez L. Vieillot, 32, rue Notre-Dame-de-Nazareth.

PARIS A CINQ HEURES DU SOIR

Air *de Paris à cinq heures du matin.*

En tous lieux la foule,
Par torrents s'écoule ;
L'un court, l'autre roule,
Le jour baisse et fuit,
Les affaires cessent ;
Les diners se pressent,

Les tables se dressent,
Il est bientôt nuit,

 Là, je devine
 Poularde fine,
 Et bécassine
Et dindon truffé;
 Plus loin je hume,
 Salé, légume
 Cuits dans l'écume
D'un bœuf réchauffé.

Le sec parasite
Flaire... et trotte vite,
Partout où l'invite,
L'odeur d'un repas;
Le surnuméraire
Pour vingt sous va faire,
Une maigre chère
Qu'il ne paiera pas.

 Plus loin qu'entends-je ?
 Quel bruit étrange
 Et quel mélange,
De tons et de voix !
 Chants de tendresse,
 Cris d'allégresse,
 Chorus d'ivresse,
Partent à la fois.

Les repas finissent,
Les teints refleurissent,
Les cafés s'emplissent,
Et trop aviné,
Un lourd gastronome
De sa chute assomme
Le corps d'un pauvre homme,
Qui n'a pas dîné.

Le moka fume,
Le punch s'allume,
L'air se parfume ;
Et de crier tous :
« Garçon, ma glace !
Ma demi-tasse !...
— Monsieur, de grâce,
Paris, après vous. »

Les journaux se lisent ;
Les liqueurs s'épuisent ;
Les jeux s'organisent,
Et l'habitué,
Le nez sur sa canne,
Approuve ou chicane,
Défend ou condamne
Chaque coup joué.

La tragédie,
La comédie,

La parodie,
Les escamoteurs;
Tout, jusqu'au drame,
Et mélodrame,
Attend, réclame,
L'or des amateurs.

Les quinquets fourmillent;
Les lustres scintillent;
Les magasins brillent;
Et l'air agaçant,
La jeune marchande,
Provoque, affriande,
Et de l'œil commande,
L'emplette aux passants.

Des gens sans nombre,
D'un lieu plus sombre,
Vont chercher l'ombre
Chère à leurs desseins,
L'époux console,
Le fripon vole,
Et l'amant vole
A d'autres larcins.

Jeannot, Claude, Blaise,
Nicolas, Nicaise,
Tous cinq de Falaise,
Récemment sortis,

Elevant la face,
Et cloués sur place,
Devant un paillasse,
S'amusent gratis.

　La jeune fille,
　Quittant l'aiguille
　Rejoint son drille,
Au bal *de Luquet*,
　Et sa grand'mère,
　Chez la commère,
　Va coudre et faire
Son cent de piquet.

Dix heures sonnées,
Des pièces données,
Trois sont condamnées
Et se laissent choir,
Les spectateurs sortent,
Se poussent, se portent....
Heureux s'ils rapportent,
Et montre et mouchoir.

　« Saint-Jean, la Flèche,
　Qu'on se dépêche...
　Notre calèche !
Mon cabriolet ! »
　Et la livrée,
　Quoique enivrée,

Plus altérée,
Sort du cabaret.

Les carrossent viennent,
S'ouvrent et reprennent,
Leurs maîtres qu'ils mènent
En se succédant ;
Et d'une voix âcre,
Le cocher de fiacre,
Peste, jure et sacre,
En rétrogradant.

Quel tintamarre !
Quelle bagarre !
Aux cris de *gare*
Cent fois répétés,
Vite on traverse,
On se renverse,
On se disperse,
De tous côtés.

La sœur prend son frère,
La fille son père,
Le garçon sa mère,
Qui perd son mari,
Mais un galant passe,
S'avance avec grâce,
Et s'offre à la place
De l'époux chéri.

Plus loin des belles,
Fort peu rebelles,
Par ribambelles
Errant à l'écart,
 Ont doux visage,
 Gentil corsage,
 Mais je suis sage.
D'ailleurs il est tard.

 Faute de pratique
 On ferme boutique,
 Quel contraste unique,
Bientôt m'est offert !
 Ces places courues,
 Ces bruyantes rues,
 Muettes et nues,
Sont un noir désert.

 Une figure
 De triste augure,
 M'approche et jure
En me regardant....
 Un long *qui vive !*
 De loin m'arrive,
 Et je m'esquive
De peur d'accident.

Par longs intervalles,
Quelques lampes pâles,

Faibles, inégales
  M'éclairent encor...
Leur feu m'abandonne
L'ombre m'environne
Le vent seul résonne :
  Silence !... tout dort.

DÉSAUGIERS.

LE LANGAGE DES CLOCHES

CHANSON

Chantée par M. Sainte-Foy, de l'Opéra-Comique, aux concerts de la salle de Herz.

Paroles de M. Frédéric de Courcy.

Musique de M. L. Clapisson.

Les cloches sont des bavardes
Qui, toujours sur le même air,
Avec leurs voix criardes,
De tout vous parlent en l'air.
Quand monte vers l'atmosphère
Leur carillon éternel,
On dirait que c'est la terre

Qui babille avec le ciel !...
Sonnez, sonnez, sonnez, cloches,
Sonnez partout et pour tous...
  Sonnez, cloches !
  Sans reproches,
Sur terre on n'entend que vous !
  Sonnez, sonnez,   (bis.)
  Sonnez, cloches !
  Sans reproches,
Sur terre on n'entend que vous !

Qu'elles sonnent des baptêmes,
Je conçois très-bien cela,
Puisqu'en naissant, elles-mêmes,
D'abord on les baptisa...
Mais, parfois, on doit se taire,
Et pourquoi donc nous crier :
« Din don !... » pour qu'on nous enterre ?..
« Din don !... » pour nous marier ?...
Sonnez, sonnez, sonnez, cloches, etc.

L'une dit de sa voix claire :
Il est temps de s'éveiller !
Une autre : Fais ta prière...
Une autre : Va travailler !
Bref, pour varier leurs charmes
Et pour nous distraire un peu,
Celle-ci nous crie : Aux armes !

Celle-là nous crie : Au feu!
Sonnez, sonnez, sonnez, cloches, etc.

Elles sont, en politique,
Assez girouettes, je croi...
Sonnant pour la république,
Pour l'empire et pour le roi.
Egoïstes que nous sommes!
Pauvres cloches!... tant qu'on peut,
On leur fait, tout comme aux hommes
Dire tout ce que l'on veut..
Sonnez, sonnez, sonnez, cloches, etc.

J'aime la cloche vibrante
De notre clocher natal...
C'est un souvenir qui chante
Et donne un cœur au métal.
Son timbre semble nous rendre
Notre enfance, qu'il berça,
Et l'on croit encore entendre
La voix de ceux qu'on aima...
Sonnez, sonnez, sonnez, cloches, etc.

Une cloche d'arrivée
Me rend dispos et gaillard;
Mais l'oreille est énervée
Par la cloche d'un départ.
Au surplus, à sa manière
Toute cloche peut sonner..

Moi, celle que je préfère,
C'est la cloche du dîner.
Sonnez, sonnez, sonnez, cloches,
A table, rappelez-nous,
Je voudrais bien, sans reproche,
N'entendre jamais que vous !
        Sonnez, sonnez,   (*bis.*)
Je voudrais, joyeuse cloche,
N'entendre jamais que vous !

La musique se trouve chez M. Meissounier fils, édit., 18 rue Dauphine, à Paris.

LE 16 JUILLET 1857

AUX MANES DE BÉRANGER

Air de *Fleur des champs*.

O Béranger ! hier dans l'ombre,
Pour jamais tu t'es endormi,
La France, aujourd'hui morne et sombre
Pleure son plus loyal ami !
Car sans la flatter dans sa gloire,
De ses succès, de ses revers,

Ta main sut retracer l'histoire,
Par tes impérissables vers.
 Adieu, poëte dont la lyre,
 Soumise toujours à tes lois,
 Lasse, de servir ton délire,
 Hier se brisa sous tes doigts.

Colorant d'un éclat magique
Les causes, les événements,
Ta parole austère, énergique,
Fut féconde en événements.
Ta pensée immortelle et grande
Projetait en nous sa clarté,
Ainsi qu'une incessante offrande,
De puissance et de liberté.
Adieu, etc.

Non, jamais l'ambition folle
Ne vint t'égarer en chemin ;
Jamais tu n'élevas d'idole
Pour l'insulter le lendemain :
Et, mourant de la mort du sage,
Oui, tes jours trop vite écoulés,
Ne laisseront sur ton passage
Que des amis inconsolés !
Adieu, etc.

Tu chantas comme chante l'homme,
Qui sent l'indépendance en soi,

Qui, toujours le front haut, se nomme,
Et, le regard fier, dit : C'est moi!
Jamais ta voix grave et sévère
Ne jeta le dédain moqueur
Sur ce qu'ici-bas l'on révère,
Car tu chantais avec ton cœur.
Adieu, etc.

A. H.

UN PEU D'AMOUR PAR CHARITÉ

Paroles de C. BONNAMY; musique d'Alfred SYSTERMANS.

J'ai contemplé votre sourire
Frais comme un beau jour de printemps,
Votre bleu regard qui respire
Le bonheur qu'on rêve à vingt ans.
Le monde vous cite à l'envie
Pour votre adorable bonté,
Accordez-moi, je vous en prie,
Un peu d'amour par charité.

Au lieu sacré de la prière,
Comme un ange pur implorant,
Pour qui souffre peine et misère,
A genoux on vous voit quêtant :

Pitié, dites-vous, l'or qu'on donne
En joie au ciel nous est compté.
O vous, qui rendez l'âme bonne,
Un peu d'amour par charité.

Bien souvent j'ai suivi vos traces,
Vous alliez chez les malheureux,
Vous braviez l'hiver et ses glaces,
Pour porter vos dons généreux ;
Vous voyant fuir, ombre légère,
Le bienfait à peine accepté ;
Le pauvre en son cœur vous révère.
Un peu d'amour par charité.

Au doux matin de la jeunesse,
Notre âme a besoin d'une sœur
Qui nous prodigue la tendresse,
Et nous révèle le bonheur.
J'ai mis en vous mon espérance,
Cœur généreux, pure beauté,
Soyez pour moi la Providence.
Un peu d'amour par charité.

La musique se trouve, à Paris, chez L. Vieillot, éditeur, 32, rue Notre-Dame-de-Nazareth.

OU VAS-TU, PETIT OISEAU ?

CANTILÈNE

Chantée par M. Amat, aux concerts du
Ménestrel.

Paroles de M. Th. Séguret.

Musique de M. L. Amat.

Rêve, parfum ou frais murmure,
Petit oiseau, qui donc es-tu ?
— Je suis l'amant de la nature,
Créé par Dieu, par lui vêtu !
Je suis un prince sans royaume ?
Je suis heureux, peu m'importe où !
Et malgré tout ce qu'en dit l'homme,
Je suis le sage, il est le fou ! (bis.)
— Rêve, parfum ou frais murmure,
Petit oiseau, qui donc es tu ?
— Je suis l'amant de la nature,
Créé par Dieu, par lui vêtu !

— Dans tes chansons, toujours joyeuses,
Petit oiseau, que chantes-tu ?

— Je chante mes plumes soyeuses,
Ma liberté, mon bois touffu !
Je chante l'astre qui rayonne,
Et ma compagne et mes amours !
Je chante le Dieu qui me donne
Le grain de mil et les beaux jours ! (bis.)
— Dans tes chansons, toujours joyeuses,
Petit oiseau, que chantes-tu ?
— Je chante mes plumes soyeuses,
Ma liberté, mon bois touffu !

— De nos bosquets, hôte infidèle,
Petit oiseau, dis, où vas-tu ?
— Je vais où me porte mon aile,
Vers l'avenir, vers l'inconnu !
Je vais où va l'homme moins sage :
Tous deux même but nous attend ;
Nous faisons le même voyage,
L'un en pleurant, l'autre en chantant ! (bis)
— De nos bosquets, hôte infidèle,
Petit oiseau, dis, où vas-tu ?
— Je vais où me porte mon aile,
Vers l'avenir, vers l'inconnu !

— Mais au terme de ton voyage,
Petit oiseau, qu'espères-tu ?
— J'espère le repos du sage,
Si doux au voyageur rendu !
J'espère au Dieu de la nature

Rendre ce qu'il m'avait prêté :
Ma plume blanche et ma voix pure,
Mon innocence et ma gaîté ! (*bis.*)
— Mais au terme de ton voyage,
Petit oiseau, qu'espères-tu ?
— J'espère le repos du sage,
Si doux au voyageur rendu !

La musique se trouve chez MM. Heugel et Ce,
2 bis, rue Vivienne.

CHANSON A BOIRE

ou

LE BON VIEUX TEMPS PASSÉ

Air : *Ton humeur est Catherine.*

Que Phœbus gîte dans l'onde
Ou là-haut fasse son tour,
Je bois toujours à la ronde ;
Le vin est tout mon amour.
Soldat du fils de Sémèle,
Tout le tourment qui me poind,

C'est quand mon ventre grommelle,
Faute de ne boire point.

Aussitôt que la lumière
Vient redorer nos coteaux,
Je commence ma carrière
Par visiter mes tonneaux.
Ravi de revoir l'aurore,
Le verre en main je lui dis :
Vois-tu, sur la rive du Maure,
Plus qu'à mon nez, de rubis ?

Le plus grand roi de la terre
Quand je suis dans un repas,
S'il me déclarait la guerre,
Ne m'épouvanterait pas :
A table, rien ne m'étonne,
Et je pense, quand je bois,
Si là-haut Jupiter tonne,
Que c'est qu'il a peur de moi.

Si quelque jour, étant ivre,
La Parque arrête mes pas,
Je ne voudrais pas revivre,
Pour changer mon doux trépas :
Je m'en irai dans l'Averne
Faire enivrer Alecton,
Et planterai ma taverne
Dans la chambre de Pluton.

De ce nectar délectable
Les démons étant vaincus,
Je ferai chanter au diable
Les louanges de Bacchus :
J'apaiserai de Tantale
La grande altération,
Et, passant l'onde fatale,
Je ferai boire Ixion.

Au bout de ma quarantaine,
Cent ivrognes m'ont promis
De venir, la tasse pleine,
Au gite où l'on m'aura mis :
Pour me faire une hécatombe
Qui signale mon destin,
Ils arroseront ma tombe
De plus de cent brocs de vin.

De marbre ni de porphyre
Qu'on ne fasse mon tombeau;
Pour cercueil je ne désire
Que le contour d'un tonneau,
Et veux qu'on peigne ma trogne
Avec ces vers à l'entour :
« Ci-gît le plus grand ivrogne
« Qui jamais ait vu le jour. »

MAÎTRE ADAM,
Menuisier de Nevers.

CHANSON A MANGER

PARODIE DE LA CHANSON DE MAÎTRE ADAM

Air : *Aussitôt que la lumière.*

Aussitôt que la lumière
Vient éclairer mon chevet
Je commence ma carrière
Par visiter mon buffet.
A chaque mets que je touche
Je me crois l'égal des dieux,
Et ceux qu'épargne ma bouche
Sont dévorés par mes yeux.

Boire est un plaisir trop fade
Pour l'ami de la gaîté :
On boit quand on est malade,
On mange en bonne santé.
Quand mon délire m'entraîne,
Je me peins la Volupté
Assise, la bouche pleine,
Sur les débris d'un pâté.

A quatre heures, lorsque j'entre
Chez le traiteur du quartier,

Je veux toujours que mon ventre
Se présente le premier.
Un jour les mets qu'on m'apporte
Sauront si bien m'arrondir,
Qu'à moins d'élargir la porte
Je ne pourrai plus sortir.

Un cuisinier, quand je dîne,
Me semble un être divin
Qui, du fond de sa cuisine,
Gouverne le genre humain.
Qu'ici-bas on le contemple
Comme un ministre du ciel,
Car sa cuisine est un temple
Dont les fourneaux sont l'autel.

Mais, sans plus de commentaires,
Amis, ne savons-nous pas
Que les noces de nos pères
Finirent par un repas,
Qu'on vit une nuit profonde
Bientôt les envelopper,
Et que nous vîmes au monde
A la suite d'un souper?

Je veux que la mort me frappe
Au milieu d'un grand repas,
Qu'on m'enterre sous la nappe
Entre quatre larges plats,

Et que sur ma tombe on mette
Cette courte inscription :
« Ci-gît le premier poëte
« Mort d'une indigestion ! »

DÉSAUGIERS.

CHANSON A DORMIR

RÉPONSE AUX CHANSONS A BOIRE

Air connu.

Plus de chansons d'amour, plus de chansons à
[boire,
J'en dis autant des chansons à manger ;
Moi qui ne saurais plus, dont je crains
[d'enrager,
Tirer de tout cela plaisir, profit et gloire,
Bornant désormais mon déduit
A bien ronfler toute la nuit,
Quand je m'escrime
Encor de la rime
Pour me divertir,
Je fais des chansons à dormir.   (bis.(

La nature elle-même au sommeil nous convie ;
Et ne vaut-il pas mieux dormir comme un
[sabot
Que d'être bel esprit, et passer pour un sot,
En se privant d'un bien le plus doux de la vie ?
    On morgue son mauvais destin
    En dormant du soir au matin,
      Et le grand âge
     Est l'heureux partage
      Qu'on voit avenir
A celui qui sait bien dormir.   (*bis.*)

Le plaisir d'être au lit cède-t-il à quelque
[autre ?
Quand on est las du grand travail du jour,
De tant boire et manger, de tant faire l'amour,
Qu'à son aise on s'étend, on s'allonge, on se
Et qu'ensuite d'un grand réveil [vautre,
    Un doux et tranquille sommeil
      Bannit de l'âme
     Et d'homme et de femme
      Soins et déplaisir,
Est-il rien tel que de dormir ?   (*bis.*)

A voir un voyageur de l'air dont il repose,
  Dirait-on pas qu'oubliant ses travaux
Il trouve un si grand goût en ce profond repos
Qu'il ne voudrait quasi jamais faire autre
    Aussi le premier qui dormit   [chose ?

Tant de contentement y prit
 Qu'il dort encore,
 Et ce qu'on ignore,
 Prêt à revenir,
C'est qu'il n'est pas soûl de dormir. (bis.)

Que la plupart des gens font un sot personnage!
 L'un toujours rit, l'autre est toujours cha-
  [grin,
Celui-ci trop dévot, cet autre trop mondain,
L'un trop bon ménager, l'autre un gâte-mé-
 Ceux-ci se perdent en excès,   [nage;
 Ceux-là se mangent en procès,
  Un autre gronde
  Et fort peu de monde
  Sachant bien agir,
 Ne vaudrait-il pas mieux dormir? (bis.)

Quand la saison des ris se trouve terminée,
 Qu'on n'est plus bon qu'à souffler les tisons,
Il se faut faire honneur d'imiter les lirons
En dormant avec eux la moitié de l'année.
 Mais dès qu'on en est là réduit,
 Adieu bonsoir et bonne nuit;
  Cela se nomme
  Ébaucher le somme
  Si long à finir,
 Qu'on va chez les taupes dormir. (bis.)

HONORÉ HALBERT.

MA CHANSON

ou

LES ENFANTS DE BACCHUS

CHANSON DE TABLE

Paroles de M. A. Bouffier; musique de A. Liauzun.

Gais enfants de Bacchus, vrais amis de la table,
De notre courte vie égayons le chemin ;
Que le sombre chagrin jamais ne nous accable,
Aussitôt qu'il paraît, noyons-le dans le vin !
Loin de nous les grandeurs, la fortune et la gloire !
Il est plus doux d'aimer, de chanter, rire et boire.
Toujours gais et dispos, voltigeons tour à tour
De l'amour à Bacchus, de Bacchus à l'amour.

Que notre vin soit franc, nos belles peu sévères,
Qu'à nos joyeux festins résonne la chanson !
Que jamais goutte d'eau ne profane nos verres,
Redoutons des méchants la perfide boisson.
Loin de nous, etc.

Quand le divin nectar a brouillé nos cervelles,
Même en nos créanciers nous voyons des amis;
Les femmes à nos yeux paraissent toutes belles,
Et chaque cabaret nous semble un paradis.
Loin de nous, etc.

Sans doute, il est bien beau d'être à l'Académie,
Membre de l'Institut, ou même sénateur;
Mais on est plus heureux auprès de son amie :
Jeune fille et vieux vin, voilà le vrai bonheur!
Loin de nous, etc.

Il est très-noble aussi de consacrer sa vie
A défendre l'État et tomber en héros!...
Mais il vaut beaucoup mieux, ô ma France chérie,
Vivre cent ans pour toi... et mourir en repos!...
Loin de nous, etc.

Amis, pour bien mourir il faut que bien l'on vive!
Puisqu'on ne voit là-bas ni cabaret, ni vin,
Quand il faudra passer, hélas! sur l'autre rive,
La mort doit nous trouver la bouteille à la main.
Loin de nous les grandeurs, etc.

La musique se trouve chez M. A. Huré, éditeur, à Paris, rue de Salomon-de-Caus, n° 4 (Square des Arts-et-Métiers).

LES QUATRE AGES DU CŒUR

ROMANCE

Chantée par M. Poultier de l'Opéra,
aux concerts du Ménestrel.

Paroles de M. E. Plouvier; musique de M. E. Arnaud.

Petit enfant, j'aimai d'un amour tendre
Ma mère et Dieu, saintes affections!

Puis, mon amour aux fleurs se fit entendre,
Comme aux oiseaux et comme aux papillons.
J'aimai d'amour jusqu'au Soleil superbe,
J'aimai la brise aux chants harmonieux,
Le ver luisant, cette étoile de l'herbe,
L'étoile d'or, ce ver luisant des cieux !
    C'est l'amour qui dore
    De reflets joyeux
    Le cœur tiède encore,
    Tout cœur jeune et vieux ;
    Ceux-là sont heureux
    Qui sont amoureux,
    Et, sous l'œil des cieux.
    S'en vont deux par deux.

Un peu plus tard, je jurai que ma vie
Appartiendrait à mon premier amour ;
Puis, je connus l'amour de la patrie,
Puis, l'amitié dans mon cœur eut son tour.
Plus tard encor, j'aimais toutes les femmes,
Et tous les arts et toutes les grandeurs ;
J'aurais gagé qu'en moi brûlaient dix âmes,
J'aurais juré qu'en moi, battaient dix cœurs !
    C'est l'amour qui dore, etc.

Homme à la fin, j'eus cet amour austère
Pour tous sacré, même aux folles amours,
Que devant Dieu, dans un serment sincère,
Avec son nom l'on donne pour toujours !

Dieu m'envoya des enfants nés pour plaire ;
Ils m'ont quitté, car l'amour les surprit ;
Je les tenais de l'amour de leur mère,
Et puis, un jour, l'amour me les reprit...
    C'est l'amour qui dore, etc.

Et maintenant, au bout de ma carrière,
J'adore encor ma femme en cheveux blancs ;
Et je revois mes amours de naguère
Chez les enfants de mes petits-enfants.
J'aime avec toi la terre d'espérance
Que Dieu promet au voyageur rendu,
Et plein d'amour pour la nature immense,
Je m'en irai comme je suis venu...
    C'est l'amour qui dore, etc.

La musique se trouve à Paris, chez MM. Heugel et Ce, éditeurs, 2 bis, rue Vivienne.

MA CONFESSION

Air : *Il est trop tard* (Darcier.)
Ou : *A Genoux devant le Soleil* (A. Pilati).

C'est à vous seul, mon Dieu, que je m'adresse,
Les yeux baissés, la rougeur sur le front ;

Ayez pitié d'une humble pécheresse,
Et pour juger ne soyez pas trop prompt;
L'esprit malin me suivit à la piste,
Pour me damner il m'inspira ses goûts;
De mes péchés quand vous verrez la liste,
Mon Dieu, mon Dieu, me pardonnerez-vous?

Je me souviens qu'étant toute petite
J'étais gourmande et maligne à l'excès;
Mon jeune frère, enfant plein de mérite,
De mes défauts supporta les effets;
Quand je pouvais, dans mon humeur lutine,
Avec cinq doigts fermer ses yeux si doux,
De l'autre main j'écrémais sa tartine,
Mon Dieu, mon Dieu, me pardonnerez-vous?

On me mit jeune à l'école primaire,
Mon professeur était un Iroquois
Qui se croyait le rival de Voltaire,
Pour avoir fait deux quatrains en six mois;
Quand le pédant faisait une harangue
Sur le respect que nous lui devions tous,
J'enflais ma joue et je tirais la langue,
Mon Dieu, mon Dieu, me pardonnerez-vous?

Mais à quinze ans ce fut une autre affaire,
Les amoureux me suivaient pas à pas;
En ce temps-là j'avais le don de plaire,
Quoiqu'à présent on ne s'en doute pas;

Pour les fixer, selon ma fantaisie,
J'avais toujours un mot, un regard doux,
Je les faisais sécher de jalousie,
Mon Dieu, mon Dieu, me pardonnerez-vous ?

Mon père enfin parla de mariage,
Et me voilà sur le livre fatal,
Quand un cousin du plus charmant visage
Vint me tenter à la faveur du bal :
Lise, dit-il, je t'attends sous la treille.
Loin de gronder, de me mettre en courroux,
En l'écoutant je me grattais l'oreille,
Mon Dieu, mon Dieu, me pardonnerez-vous ?

J'ai bien encor diverses peccadilles,
Dont le récit n'offre aucun intérêt ;
Dois-je, d'ailleurs, m'occuper de vétilles,
Quand vous allez prononcer mon arrêt.
D'autres diraient : Ces péchés que j'abhorre,
Je les abjure et tombe à vos genoux.
Moi, je voudrais recommencer encore,
Mon Dieu, mon Dieu, me pardonnerez-vous ?

Feue Mme ÉLISA FLEURY.
(Œuvre posthume.)

LA CHANSON DE FORTUNIA

RÊVERIE ALSACIENNE

Interprétée par M. Berthelier, au théâtre
du Palais-Royal.

Paroles de M. E. Bourget; musique de C. Plantade

Si fous croyez que ch' fas fous tire
   Qui qu' ch'ose aimer;
Che foudrais pas pour ein empire
   Fous le nommer;
  Hélas! che sais trop pien,
   Ce qu'il m'en coûte
Tepuis, qu' che n' manch' blis rien,
   Que t' la chucroute;
Ya, l'amour, il fait trop suffrir;
Pour tuchours, moi, che feux murir;
Ah! mein Gott! il fait trop suffrir;
Ça m'est écal, che feux murir.
La, la, la, la, la, la, la, la, la, la, la. (*bis.*)

Il est si peau, celui que ch'aime,
   En férité,
C'est le p'tit Cupiton lui-même
   Que ch'ai truffé.

Ses crands yeux éfcillés
  Sont pleins t'astuces,
Comm' taille, il a six pieds
  Et blussieurs puces.
Ya, l'amour, il fait trop suffrir!
Pour tuchours, moi, che feux murir!
Ah! mein Gott! il fait trop suffrir;
Ça m'est écal, che feux murir.
  La, la, la, etc.   (bis.)

En courant comme ein crosse pête,
  Après mon Kieur,
En route, ch'ai pertu mon tête,
  Ch'en ai pien peur!
  Che n' trouf' blis pour mancher
    Le ch'min d' mon pouche;
  Et quand il faut me l'ver,
    Pon! f'la qu' che m' couche!
Ya, l'amour, il fait trop suffrir!
Pour tuchours, moi, je feux murir!
Ah! mein Gott! il fait trop suffrir;
Ça m'est écal, che feux murir.
  La, la, la, etc.   (bis.)

Mais pourquoi que ch' m'amuse à cheindre,
  À zoupirer?
Pour ein cadet qui n' feut pas m' plaindre,
  Et m' fait bleurer?
  Ch' fas m' guérir p'tit à p'tit,

Sécher mes larmes,
Et par mon abbétit
R'trufer mes charmes.

Parlé. (En pleurant.) Tous les hommes, foyez vous, c'est des Spitzpoubes, des pas crand'chose, qui fous font perdre le poire et le mancher, et qu'ils fous blantent là comme tes rien ti tout, que si on les écoutait, on tefiendrait zec, zec, zec, comme des stockfisch.

[und le ber wurst*,
Keine lieb mehr es ist zu hartes lebt, sauerkraut

Plis t'amour, ça fait trop suffrir.
Vif la chucroute et le blaissir.
La, la, la, la, la, la, la, la, la la, la. (*bis.*)

* Les paroles en allemand doivent être prononcées comme si elles étaient écrites de la manière suivante : *kaïne lib mer es ist l'zou hart se lebet saurkraot ount' lébervourcht.*

La musique se trouve chez MM. Gambogi frères, éditeurs, 112, rue Richelieu.

VOICI L'HIVER

Paroles de M. H. AUDEVAL; musique de P. HENRION.

Voici l'hiver, le berger des vallées
Recherche en vain un rayon de soleil;
Sur le sol nu des plaines désolées
Tout meurt ou semble engourdi de sommeil.
Les eaux du fleuve inondent ses rivages,
Avec fureur son flot gronde à nos pieds, (*bis*)
Les bois n'ont plus de parfum ni d'om-
                      [brages.   } *bis.*
Voici l'hiver, hirondelles, fuyez.

Le froid commence et la fleur est fanée,
Le vent s'élève et chasse en tourbillons,
D'épais flocons, cheveux blonds de l'année,
Dont les forêts ont couronné leurs fronts.
Dans les cités, le bal et la parure
Font oublier tous les plaisirs passés; (*bis.*)
C'est un défi qu'on jette à la nature,   } *bis.*
Voici l'hiver, jeunes filles dansez.

Riez, chantez et dansez joyeux couples,
Car le printemps respire dans vos cœurs,
Et sur vos pas si légers et si souples
L'illusion pour vous sème des fleurs;

Mais songez-y, la saison va suspendre
Tout le bonheur de tant d'infortunés ! (bis.)
Faites du bien, Dieu saura vous le rendre.⎫
Voici l'hiver, bonnes âmes, donnez.   ⎬ bis.

La musique se trouve chez M. Colombier, éditeur, rue Vivienne, à Paris.

LE PAPILLON AUX AILES D'OR

Paroles de M. FAY; musique de M. Émile LETHIATS.

Quand vous errez sous un mince feuillage,
Près d'une rose où l'amour vient s'offrir,
Votre baiser est un bien léger gage,
Que, comme vous, emporte le zéphyr !
Encore ému des beautés de la belle,
Vous voltigez vers un autre trésor...
Êtes-vous donc un amant infidèle,   ⎫
    Beau papillon aux ailes d'or ?   ⎬ bis.

Votre fierté fait que sur vous on cause
Quand vous passez dans nos étroits chemins.
Si vous plaisez, en êtes-vous la cause,
Et devez-vous montrer tant de dédains ?
Si, par malheur, votre manteau qui brille,
De vous quitter, un jour, avait le tort,
Vous ne seriez qu'une pauvre chenille,
    Beau papillon aux ailes d'or.

Ce n'est pas tout, seigneur de haut lignage,
Captant les fleurs qui naissent sous vos pas,
Comme un Crésus, inutile à tout âge,
Vous consommez et ne produisez pas;
L'abeille, hélas! plus active et moins belle,
Quand le destin a brisé son essor,
Nous laisse au moins quelque chose après elle,
   Beau papillon aux ailes d'or.

J'entends du bruit, quoi, vous grondez peut-
Oh! n'allez pas vous fâcher à ma voix. [être!
Tout doux, tout doux, superbe petit-maître!
On ne peut pas tout avoir à la fois!
A la beauté, si nous rendons hommage,
La vertu seule adoucit notre sort.
Vous êtes beau... pouvez-vous être sage, ⎫ bis.
   Cher papillon aux ailes d'or? ⎭

La musique se trouve chez L. Vieillot, éditeur, 32, rue Notre-Dame-de-Nazareth, à Paris.

LES DIEUX

CHANSON

Chantée par M. Roger, de l'Opéra, aux concerts de la salle de Herz.

Paroles et musique de Gustave Nadaud.

Les dieux s'en vont, disent les sages,
La raison a tué la foi,

Sur un océan plein d'orages
Plutôt que de voguer sans loi,
Rendez-nous la Mythologie,
Avec ses dieux grands et petits;
Faites-nous croire à la magie,
Tous les dieux ne sont pas partis !   (bis.)

Quelle est cette blonde déesse,
Qu'un temple ne peut contenir ?
Inclinez-vous, c'est la Jeunesse
Qui s'élance vers l'avenir.
Elle a l'audace, elle veut croire
A tous les nobles appétits :
A l'amour et même à la gloire :
Tous les dieux ne sont pas partis.

Auprès d'elle est la folle fille
Qui d'un banquet fait son autel;
Ses yeux sont un flambeau qui brille,
Sa voix est un rire éternel.
Elle chante toutes les causes,
Elle boit à tous les partis;
C'est la gaîté jetant des roses;
Tous les dieux ne sont pas partis.

Avec plus d'art et de mystère,
Un Dieu gouverne tous nos sens :
L'amour, aussi vieux que la terre,
Aussi jeune que le printemps.

Par ses tourments ou par ses charmes
Il tient nos cœurs assujettis,
Plein de plaisirs et plein de larmes;
Tous les dieux ne sont pas partis.

Et toi qui des seules injures
Veux toujours prendre la moitié,
Baume de toutes les blessures,
Salut à toi, sainte amitié.
Malheureux qui nierait l'empire
Des liens qu'il n'a pas sentis;
Plus malheureux qui les déchire!...
Tous les dieux ne sont pas partis.

Mais non, ces dieux imaginaires
Ne sont que les rayons du jour;
Un seul maître verse à nos sphères
Le soleil, la vie et l'amour.
Pour les grands il fit la clémence,
Le courage pour les petits;
A tous il donne l'espérance,
Tous les dieux ne sont pas partis. (*bis.*)

La musique se trouve chez L. Vieillot, éditeur,
32, rue Notre-Dame-de-Nazareth, à Paris.

A BÉRANGER

Paroles de M. Auguste Alais.

Air : *Morizot ou d'Asmodée*

ou du *Forçat libéré*.

Muses des bois, rossignols et fauvettes,
Ah ! suspendez aujourd'hui vos concerts :
La France, en deuil du plus grand des poëtes,
D'un chant d'adieu fait retentir les airs.
De Béranger la vie intègre et pure,
Que le génie illustra dans son cours,
Vient de finir ; le destin de ses jours
Comme à regret comble enfin la mesure.

REFRAIN

Chantre du peuple et de l'humanité,
La mort pour toi c'est l'immortalité !

Trois quarts de siècle ont fait de ta carrière
Un cycle grand d'honneur et de vertu,
Qui pour nos fils, comme un flot de lumière,
De tout progrès montre le sol battu.

Émule heureux de Pindare et d'Horace,
Au choc vibrant des plus lointains échos,
Comme les vers du chantre de Délos [1],
Des tiens le temps perpétûra la trace.
    Chantre du peuple, etc.

Tu saluas ce siècle à son aurore
Qui promettait tant de gloire à venir,
Que dans ses plis l'étendard tricolore
Semblait si fier de pouvoir contenir.
Mais vint un jour où vendant ses services,
La trahison fit vaincre l'étranger :
De ton pays, ta voix, ô Béranger!
Glorifia toutes les cicatrices.
    Chantre du peuple, etc.

Dans le repos, loin d'éteindre la flamme
Qui t'inspirait pour la gloire et l'honneur,
Tu réchauffais au foyer de ton âme
Les cœurs glacés par le vent du malheur.
Des jeunes gens emportés dans leur course
Vers l'avenir, tu secondais l'essor ;
Les soutenant contre le mauvais sort,
Ton cœur pour eux s'ouvrait comme ta bourse.
    Chantre du peuple, etc.

Barde sacré des lauriers et des roses,

1. Homère.

Des pampres verts, des fidèles amours,
Comme Tyrtée aux hymnes grandioses,
Tu peux mourir, tes chants vivront toujours!
Consolateur du pauvre en sa détresse,
Tes gais refrains, échos venus du ciel,
Versent partout l'ambroisie et le miel,
En pleurs d'espoir, en longs cris d'allégresse.
 Chantre du peuple, etc.

Que dire enfin devant ce deuil immense
Qui vient frapper tout un peuple surpris?
Le cœur, la tête et l'âme de la France,
Qui vient frapper la France dans Paris?
O jour néfaste! au sein de tes murailles,
Paris, tes fils, dans leur douleur sans voix,
Silencieux s'inclinent à la fois
Pour saluer de grandes funérailles!
 Chantre du peuple et de l'humanité,
 La mort pour toi c'est l'immortalité!

LA NOCE DE L'AUVERGNAT

Air de *la Gueule à quinze pas*.

J'vas donc pour mon compt' me marier chette
J'veux créer un' madame Eujtache, [fois,

J'épouj' devant l' maire Ijabelle Franchois
 Qui m'apport' chon cœur et cha vache ;
 Je commenche à prendre en horreur
Le chot plaijir d'être garchon d'honneur ;
 Enfin, par acte notarié,
 Ch'est à mon tour d'être l' marié.

J' veux qu'on chonn' les cloch's auchi fort qu'à
[Paris
 Pour que chacun ch' mette à la f'nêtre,
J'aurai l'air chi fier qu' tous les gens du pays
 Verront bien qu' ch'est moi qui vais l'être...
 J' mettrai des rubans en chatin,
Rouges, bleus, verts, punaij's et couleur ch'rin ;
 Comme un arc-en-chiel j' ch'rai varié,
 Ch'est à mon tour d'être l' marié.

Quand nous chortirons de chigner l'conjungo,
 J' ch'rons préchédé par une mujette ;
J' veux qu'un gros jouflu chouffle à tir' larigo
 Pour qu'on chach' bien qu' nous chomm's
[de fête ;
 C'hlui qui n' trouv'ra pas d'amujement
Aura l' plaijir de s'embêter gaiment ;
 Il s'ra content d' s'être ennuyé,
 Ch'est à mon tour d'être l' marié.

J' commench'rons l' dîner par une choupe aux
 Avec du lard ch'est chalutaire ;   [choux,

La cuiller debout ch' tiendra d'dans comm'
[chez nous
   Enchuite un plat de pomm's de terre;
Lapin, poichon... Dans les gigots
Je défendrai d' mettre des haricots,
  J' veux pas qu' perchonn' choit achphyxchié,
  Ch'est à mon tour d'être l' marié.

Après le dîner un inchtant nous chant'rons.
  Nous entendrons ma tante Laïde ;
Ell' chant' faux, ch'est vrai, comme plusieurs
Mais ronfl' comme un ophicléide.   [jetons,
  Au r'frain nous frons du bacchanal
Et nous aurons, chi nous chantons tous mal,
  L' plaijir d'avoir bien crié...
  Ch'est à mon tour d'être l' marié.

Le bal commench'ra, mais tout bon cavalier
   Doit porter d' la chauchure ferrée,
Un' livre de clous au moins par chaqu' choulier,
   Afin d' bien daucher la bourrée.
  J' frapp'rons à grands coups de talon
Tant qu'il faudra que l' plancher du chalon
  A l'avance choit étayé :
  Ch'est à mon tour d'être l' marié.

GUSTAVE LEROY.

LA PIPE

Air de *la petite Margot*.

Vive la pipe ! — Elle dissipe
Mélancolie, ennui, mauvaise humeur;
Sur le cigare, — je le déclare,
Elle a le pas aux yeux du vrai fumeur.

Amis, le diable est-il dans votre bourse?
Quelque chagrin vient-il vous assaillir ?
Pour vous distraire, il n'est qu'une ressource:
Fumez, fumez, voilà le vrai plaisir.
   C'est un remède
   Auquel tout cède,
Et rien n'égale mon bonheur
   Lorsque j'aspire,
   Avec délire,
Du caporal l'énergique saveur.

Quand sa fumée, ondoyante spirale,
En tournoyant s'élève vers les cieux,
Tout enivré du parfum qu'elle exhale,
Je suis de l'œil son vol capricieux.
   Charme magique,

Plaisir unique,
J'oublie alors ce que je suis ;
Joie et tendresse
Bonheur, richesse
Font de ma vie un charmant paradis.

Se ranimant aux quelques étincelles
Que son tabac laisse échapper soudain,
Le prisonnier rêve qu'il a des ailes
Le malheureux rêve qu'il a du pain.
L'exilé même
De ceux qu'il aime
Croit voir encore les traits chéris :
Douce influence,
Pour lui l'absence,
N'existe plus, il revoit ses amis.

Un jour la mort, cette affreuse camarde,
Viendra s'asseoir au chevet de mon lit,
Le cœur tranquille en fumant ma bouffarde
Je veux narguer son museau décrépit.
Et que m'importe !
Qu'elle m'emporte,
Je suis prêt à sauter le pas,
Si d'aventure
Elle m'assure
Qu'on peut là-haut fumer comme ici-bas.

Vous qui tombez du char de la fortune,

Spéculateurs, ambitieux déçus,
Amants trompés par la blonde ou la brune,
Vous, candidats qui n'êtes pas élus;
  Allons, courage,
  Faites usage
De ce topique souverain.
  Plus de tristesse,
  Fumez sans cesse,
Fumez encore et chantez mon refrain :
Vive la pipe! — Elle dissipe
Mélancolie, ennui, mauvaise humeur;
Sur le cigare, — je le déclare,
Elle a le pas aux yeux du vrai fumeur.
BOREL.

LA LOCOMOTIVE

Paroles de V. RABINEAU. Musique de A. MACQUERIE

Nautonnier, chante la gondole
Qui te berce sur le flot bleu :
Moi, je chante aussi mon idole,
C'est ma gondole au cœur de feu!
J'aime à te voir maîtresse bien-aimée,
Ardent courrier des grandes nations,

Coquettement dérouler ta fumée
En molles ondulations.
O ma locomotive !
Quand ton âme captive
En vapeur fugitive
Sort de tes flancs
Brûlants,
Tu pars, belle d'audace,
Tu dévores l'espace,
Et ta colonne passe   } *bis.*
Comme l'éclair
Dans l'air.

Le peuple qui t'aime, ô ma reine !
T'accueille par de longs bravos.
Et pour niveler ton arène,
Se voue à d'immenses travaux,
Une montagne orgueilleuse se lève,
Obstacle vain ! si l'art ne l'aplanit,
Ouvre sa base et plonge comme un glaive
Dans ses entrailles de granit !
O ma locomotive ! etc.

Victoire ! il n'est plus de distances
Tu renverses sur ton chemin
Les despotiques résistances.
Où se heurtait le genre humain,
L'homme a compris ta mission féconde ;
A ses faux dieux il renonce, irrité ;
Char du Progrès, vole, et porte au vieux monde

La Paix, l'Amour, la Liberté,
O ma locomotive! etc.

La musique se trouve chez M. Vieillot, édit.
rue N.-D.-de-Nazareth, 32.

LE CHANT DU ZOUAVE

Air *du Louvetier.*

(PAUL HENRION)

Amis, pour nous quel jour de fête,
C'est aujourd'hui grand branle-bas,
A marcher au feu qu'on s'apprête, } *bis.*
Le danger nous attend là-bas ;
Marchons, pour nous, c'est jour de fête,
   Jetons le cri vainqueur,
L'ennemi fuit, de sa défaite
   A nous l'honneur !

L'air frissonne au bruit des clairons,
Le canon part, le feu commence,
Partout, régiments, escadrons,
Du sol dévorent la distance :
C'est l'instant où la main du sort
Donne la victoire ou la mort ;

Gloire au plus vaillant,
Zouave, en avant !
Marchons, Marchons ! *(bis.)*
 Amis, etc,

On sait que notre régiment
Quand il se bat peut en découdre ;
Il aime par tempérament
L'éclat et l'ardeur de la poudre.
Soit au nord ou soit au midi,
Il charge à fond et tout est dit,
 Prompt comme le vent,
 Zouave, en avant !
 Marchons, Marchons ! *(bis.)*
  Amis, etc.

Pour adversaires, chaque fois,
Au jour ou bien dans la nuit sombre,
Le Zouave toujours fait choix,
Sans jamais s'occuper du nombre,
D'un ennemi vaillant et fort,
Sachant lutter contre la mort ;
 Sur lui plein d'élan,
 Zouave, en avant !
 Marchons, Marchons *(bis.)*
  Amis, etc.

Hardi lutteur, mais noble et franc,
Quand vient le jour d'un armistice,
Il sait rendre au vaincu souffrant

Le plus qu'il peut le sort propice;
A sa misère, en frère humain,
Il donne sa bourse et sa main;
  Puis, il part chantant,
  Zouave, en avant!
  Marchons, Marchons! *(bis.)*
    Amis, etc.

Adieu, Crimée où nous laissons
Des traces de notre passage,
Sac au dos nous nous élançons
Vers l'Afrique au brûlant rivage :
Du zouave, c'est le berceau,
De sa gloire il porte le sceau
  Qu'il a de sang
  Arrosé souvent!
  Marchons, Marchons!
    Amis, etc.

AUGUSTE ALAIS.

LES FARFADETS

DIABLERIE

Paroles et musique de GUSTAVE LEROY.

Dansez, dansez, farfadets,
  Satan vous invite :

Dansez, dansez, sautez vite,
　　Gais esprits follets;
　　Spectres et fantômes,
Sortez tous de vos tombeaux.
　　Squelettes et gnomes,
Divertissez-nous par vos chants infernaux.
　　Tra la, la, la, etc., etc.

Quittez, quittez vos demeures antiques,
Venez errer sur ces poudreux débris,
Et répétez, dans vos chants fantastiques:
Mortels, c'est là, c'est là que fut Paris!
　　Dansez, dansez, farfadets,
　　Satan vous invite, etc.

Satan, ce soir, donne un bal magnifique,
Mais pour l'orchestre il n'a pas d'instruments:
Sautez, dansez, vous aurez pour musique
Le bruit fêlé de vos secs ossements.
　　Dansez, dansez, farfadets,
　　Satan vous invite, etc.

Voulant aussi plaire aux âmes mortelles,
L'ange déchu que l'on nomme Satan
A convié les femmes infidèles,
L'enfer, hélas! sera-t-il assez grand?
　　Dansez, dansez, farfadets,
　　Satan vous invite, etc.

Pour que, ce soir, le plaisir soit sans bornes
Et méprisant un costume banal,
Satan ne veut que des êtres à cornes,
Que de maris nous aurons à ce bal!!!
  Dansez, dansez, farfadets,
   Satan vous invite, etc.

Plus d'un auteur, dans son drap mortuaire,
Honorera nos plaisirs bien conçus :
Nous possédons des esprits sur la terre,
Quand les auteurs en manquent tant dessus.
  Dansez, dansez, farfadets,
   Satan vous invite, etc.

Puis nous aurons des chansonniers aimables
Dont la goguette a redit les accords :
Piron, Panard, Debraux sont de bons diables,
Et leurs chansons réveilleraient des morts.
  Dansez, dansez farfadets,
   Satan vous invite, etc.

 La musique se trouve chez M. L. Vieillot, édit.,
rue N.-D.-de-Nazareth, 32.

LE CLOU

ROMANCE DÉDIÉE A SA TANTE PAR L'AUTEUR

Paroles de Leriche, musique de A. Marquerie

Le clou,
Le clou,
Et toujours le clou ;
Quand on n'a pas l' sou,
Vive le clou !

Quoi ! l'on n'a pas fait une ode
Pour célébrer tes bienfaits ;
Institution commode
Où nous serrons nos effets !
Le clou, etc.

Quant à moi, chaque semaine
Tu me tires d'embarras ;
Cossu, je t'offre une chaîne,
Râpé, je t'offre mes draps.
Le clou, etc.

Mon cœur pour ta bienfaisance
Te voue un culte constant ;
Toujours la reconnaissance

M'accompagne en te quittant.
>Le clou, etc

Il faut qu'au ciel on te triche,
Mon bon vieux saint Clou, vois-tu ;
Au lieu d'être le plus riche,
Tu n'es que le plus pointu.
>Le clou, etc.

Et combien de demoiselles,
Te hantant *in secreto*,
Vont suspendre leurs dentelles
A ton temple *in ex-voto*.
>Le clou, etc.

Aujourd'hui de la débine
Le spectre chez moi s'assied :
Comme ma montre Lépine
Va me la tirer du pied.
>Le clou, etc.

Une montre est embêtante,
Un rien et c'est dérangé...
Courons vite, chez ma tante
Je veux voir mon or logé.
>Le clou,
>Le clou,
>Et toujours le clou ;
>Quand on n'a pas l'sou,
>Vive le clou !

La musique se trouve chez M. L. Vieillot, édit., rue N.-D.-de-Nazareth, 32.

LE DIMANCHE DU P'TIT PICHU

Paroles de L.-G. Durand et H. Demanet

Musique de Mme Antonia Tissot (née Ménard).

Sapristi! que j'suis content aujourd'hui
    Je suis d'la fête, aussi   [vaillants,
J'm'en vas fair' ma tête avec mes quinz' sous
Sapristi! que j'suis content aujourd'hui
    Je suis d'la fête, aussi   [vaillants,
J'm'en vas fair' ma tête avec mes quinz' sous
J'ai d' l'argent, j'ai d' l'argent, j'ai d' l'argent,
                      [j'ai d' l'argent!

    J'ai travaillé comme un homme
      Tout' la s'maine, sur ma foi,
    L' patron qui m'aim', Dieu sait comme,
      M'a dit: Je suis content d' toi!
    Comm' c'est aujourd'hui dimanche,
      V'là quinz' sous pour t'amuser;
    J'ai passé ma chemis' blanche,
      Après m'avoir fait friser.

(Parlé.) Dix centimes avec la pommade au caoutchouc, rue de la Boucherie, n° 9 ancien, premier étage au-dessus de trois entre-sols, chez le père Coupetout, au rasoir éternel; frisé par la main des grâces dans la personne d'une maigre, assistée de deux cousines *Germaines* que j'ai reconnues à leur accent *germanique*, ou pour dire mieux à leur *signe allemand;* l'une en possession d'un beau *port de mère*, l'autre sèche comme une *poire tapée*, quoiqu'un peu moins *mûre*, ayant le nez comme une *framboise* et le teint couleur *abricot*; bref, j'aurais donné ces deux andalouses pour cinquante-six sous, disons le mot pour *deux francs seize;* aussi là dedans gêné dans mes entournures, après m'être allégi de mes deux *ronds*, j'ai pris la porte du *carré;* de là, coiffé comme l'amour... en chérubin, leste comme un *lièvre*, agile comme un *singe*, je cours comme un *cerf* jouer au *chat*, au saut de *mouton* ou au *cheval* fondu, que je ne vois pas avec *dédain*, et vive la joie du dimanche! c'est dommage qu'il n'y en ait pas quatre ou cinq par semaine.

Sapristi! etc.

Moi, je n' connais pas d'obstacle,
Dès que j' veux fair' le flambant,
J'vas m'en aller au spectacle,
Au Nazar, p't-être au Funan;
Puisque ma bourse est garnie,

J'peux bien me faire des cadeaux ;
J'vas m' payer d' la sucrerie
Et des fruits et des gâteaux.

(Parlé.) Oh ! la friandise, c'est mon élément ! les gâteaux m'ont gâté ! Moderne *Savarin*, qui devrait être un *saint honoré*, j'aime à tomber sur le *flan*, je ne sais si c'est parce que je couche sur une *galette ;* je fais des *brioches* quelquefois, mais je les mange avec *plaisir ;* et les *chaussons*, je ne les foule pas aux pieds ; quitte à me voir mettre à l'*amende*, je *pêche*... souvent pour des *prunes*, mais pour *guigner* un fruit de nouvelle *date* c'est à moi la *pomme*, et si quelque *moricaud* croit me coller la *châtaigne*, je le fais *marron* et je lui paye des *cerises*. Pendant que je cause là l'heure se passe, en attendant celle du spectacle que ferais-je bien ? une partie de *bouchon ?* Je préférerais une *bouteille*... pourtant j'aime encore mieux le *tonneau*, c'est plus grand ! J'ai lu dans la *mite au logis* que ce jeu vient de la *Perse,* et fut inventé par un amant de *Latone*, laquelle aimait beaucoup le fromage de *bonde*.... Oui ! mais si je joue... je peux perdre, et quand je perds ça me coûte ; or, parce que je suis en *fonds*, il ne faut pas que je m'*enfonce ;* tout bien pesé, j'aime encore autant faire la queue, c'est le moyen qu'on ne me la fasse pas ; en route, et vive les omnibus à trois sous.

Sapristi ! etc.

> En sortant d'apprentissage,
> Quand je saurai mon métier,
> D' mon argent j' ferai bon usage.
> Afin de bien m'habiller ;
> Je m'pairai, pour ma toilette,
> Un gilet couleur citron,
> Des bott's, un' joli casquette
> Avec un habit marron.

(Parlé.) Quand la nature vous donne des avantages, il ne faut pas qu'on les néglige, car « toujours la parure embellit la beauté » comme dit la chanson; aussi, quand je pourrai me couvrir de vêtements *chouettes,* je veux être *encore beau* davantage, de façon à ce qu'on me prenne pour un prince ou... pour un charcutier sur son trente et un... Puis quand j'aurai de la *mitraille* de poche, me transportant dans les *bals,* j'entrerai comme un *boulet* au milieu des *bataillons* de belles, les chargeant à la *baïonnette,* je battrai leurs cœurs en *brèche* pour les emporter d'*assaut.*

> Je lève d'avance mon étendart
> Sans craindre le trait qui de leurs *rangs part.*

On se permet le calembourg... Mais pour que tout ça se réalise, en attendant le *livret* de la caisse d'épargne, il me faut *celui* d'ouvrier; comme on le gagne à force de travail, je suis bien sûr de l'obtenir avant peu... C'est une bonne chose après tout que le travail, et qui m'empêche de comprendre la paresse; j'ai pioché pendant six jours, j'en ai la récompense dans mon gousset. Tu t'es reposé toi, fainéant? Dors, pendant que je rigole à tes dépens!... Laissez passer la justice de Pichu! (Frappant sur sa poche.) Zigne! zigne! zigne....

Sapristi! etc.

Ouvrier, les camarades
M'admettront à leur écot,
Comme eux j'boirai des rasades,
Je m' régal'rai d' bon fricot;
C'est alors que j' ferai la noce,
Les dimanches et les lundis,
Je m' ferai rouler en carrosse
De Pantin jusqu'à Paris.

(Parlé.) Devenu homme !... lorsque j'aurai... des *moustaches!* je veux avoir mes *favoris*... mes préférés, disons mieux... si quelqu'un me faisait la *barbe*... rasé!... plus *mèche* de m'en faire accroire!... Mais à l'amitié vraie (car, selon moi, l'amitié c'est une valeur qui se paye avec la monnaie de sa pièce), si je trouve un ami qui me choie comme un *frère*, je l'estimerai comme une *mère*, et je marcherai de *pair* avec lui... Alors rigolichades dans les lieux les plus chocnosophes, tels qu'au *Lapin couronné*, au *Veau qui tette*, à la *Truie qui file*, au *Bœuf à la mode*, au *Chien à trois pattes*, au *Chat qui pêche*. Enfin, tous endroits pas bêtes !... Pour m'y rendre en *diligence*, je prendrai l'*omnibus*, et si dans le trajet je rencontre quelque *Dame blanche*, dont je puisse faire ma *favorite* également, qu'elle soit *Parisienne* ou *Batignollaise*. O ! ma *Citadine*, lui dirais-je, deviens mon *hirondelle* ; si elle consent j'en fais une *Dame française* de plus. Mais pendant que je m'*échauffe* je ne *brûle* pas le pavé ; voici un épicier qui a une *pendule* dans sa *montre*... Cré mâtin ! si je veux m'amuser il ne faut pas que je m'amuse... Décidément on a beau dire : la fortune rend bien heureux.

Sapristi ! etc.

Qu'est-ce que j' vois ? C'est un' pauvr' femme
   Qui d'mande, et ses deux enfants
   Sont pieds nus ; ça me fend l'âme,

Ah ! pour moi plus d'amus'ments
D' voir cett' pauvr' femme qui mendie,
Les larmes me viennent aux yeux,
Adieu, gâteaux, comédie,
J'aim' bien mieux faire trois heureux !

(Parlé.) Pauvres gens !... qui, pendant que chacun se promène en quête d'un plaisir ou d'une soirée joyeuse, sont là tristement à regarder le bonheur de tout ce monde qui dans sa gaîté ne les voit seulement pas... qui sont là, couverts de haillons au milieu de toutes ces brillantes toilettes, se cachant lorsque la foule se pavane au grand air, et qui, pour demander de quoi vivre, encourent le danger d'être pris à chaque instant ; ils se coucheront peut-être ce soir sans pain, pendant que sur la banquette d'un théâtre je dévorerai des friandises, du superflu, tout en m'égayant aux farces de Pierrot ou de Polichinelle... Mais pour ces pauvres petits enfants, le spectacle, c'est un grenier qui ne les abrite pas contre le mauvais temps... avec un brin de paille pour dormir pêle-mêle... Des gâteaux pour eux, c'est une croûte dure ou noire qui ne les rassasie pas toujours... et je pourrais m'amuser tranquillement lorsque je vois de pareilles misères ? Je rirais de bon cœur en pensant à ces malheureux ?... Non ! Pichu...

écoute une bonne idée... Tenez, brave femme! tenez, voici ma bourse... elle n'est pas grosse, mais c'est tout ce que j'ai... Faites faire le dimanche à vos petits, ça ne leur arrive pas si souvent... Il n'y a pas besoin de me remercier, la chose n'en vaut pas la peine... Au revoir et bonne chance.... Et maintenant foulons le bitume jusqu'à la retraite, la poche légère, mais la conscience idem. Eh! ma foi, je ne savais pas que ça procurait tant de bien de faire une belle action.

>Sapristi que j'suis content
>Aujourd'hui que j'suis d' la fête
>J' n'ai plus l' sou, ma noce est faite;
>Mais j' suis joyeux tout autant,
>J' suis content, j' suis content.

En vente chez M. L. Vicillot, édit., rue N.-D.-de-Nazareth, 32.

L'EAU VA TOUJOURS A LA RIVIÈRE

Air : *J'étais bon chasseur autrefois.*

Amis, il est un fait certain
Que ne doit ignorer personne;
La Moselle s'unit au Rhin,
Et la Dordogne à la Garonne;

L'Oise dans la Seine se rend,
Le Rhône se joint à l'Isère.
Et, bien ou mal, voilà comment
L'eau va toujours à la rivière.

Armateur, jadis porteur d'eau,
Mondor, qui se nommait Antoine,
Achète, équipe maint vaisseau ;
L'Océan est son patrimoine ;
Humble autrefois, fier aujourd'hui,
Au Pactole il se désaltère,
Et les faveurs pleuvent sur lui :
L'eau va toujours à la rivière.

L'ami Vigier, tous les matins,
Chez lui voit accourir la foule ;
Et tant qu'il coulera des bains,
Nous ne craignons pas qu'il se coule.
Vigier roule et nage dans l'or,
Sa fortune est liquide et claire,
Et chaque été la double encor :
L'eau va toujours à la rivière.

Un Jean-Baptiste, vigneron,
Ayant adopté pour système
D'imiter en tout son patron,
Honorait son vin du baptême.
Un jour la Seine débordant
Vient inonder sa cave entière.

Il devait prévoir l'accident :
L'eau va toujours à la rivière.

Je voulais boire ce matin
A la source de l'Hippocrène :
Vous m'avez coupé le chemin,
Et je reviens tout hors d'haleine.
Chaque mois vous m'opposerez
Cette insurmontable barrière;
Plus vous buvez, plus vous boirez :
L'eau va toujours à la rivière.

A. DÉSAUGIERS.

MADELINETTE, MADELON

CHANT DU CŒUR

Paroles de M. A. JOLY; musique de M. V. BOULLARD.

Est-ce bien vous, ô Madeleine!
Vous dans ce riche et frais boudoir?
Vous, dont les longs cheveux d'ébène
Sont reflétés par ce miroir?
Cette démarche si hautaine,
Vous appartient (le croirait-on?)
Adieu donc! adieu, Madeleine,   } bis.
Madelinette, Madelon.

Êtes-vous duchesse ou soubrette?
Qui donc a payé ce velours?
Votre nom de Madelinette
Sied mal à ces pompeux atours.
Vous êtes pâle!... la migraine
Et les vapeurs sont de bon ton.
Adieu donc!... adieu, Madeleine, etc.

Viens!... reprends avec ton aiguille
Ton sobriquet de Madelon;
Sois une pauvre et bonne fille,
Mais ta bouche murmure : non!
Tu n'oses pas briser ta chaine;
Plus de gaîté, plus de chanson!
Adieu donc!... adieu, Madeleine, etc.

Un jour, jour de deuil et d'alarmes,
Tu retourneras au hameau,
Où ta mère verse des larmes,
Où ta faute creuse un tombeau!
La honte sera ton domaine,
Tu viendras chercher le pardon,
Comme autrefois la Madeleine, } bis.
Madelinette, Madelon!...

Enfant... il en est temps encore,
Dieu pardonne au vrai repentir!
Le ciel est bleu, le soleil dore
Les bois, les coteaux, l'avenir!

L'oiseau gazouille dans la plaine,
Tes compagnes font la moisson,
Le bonheur est là, Madeleine,
Le bonheur t'attend, Madelon !
Le bonheur est là, Madeleine,
Madelinette, Madelon.

La musique se trouve chez M. L. Vieillot, éditeur,
32, rue Notre-Dame-de-Nazareth, à Paris.

LA CHANTEUSE DES RUES

CHANSONNETTE

Paroles de V. RABINEAU; musique de A. MARQUERIE.

Je suis la chanteuse des rues,
   La fauvette (*bis*) des carrefours ;
A mes accords les foules accourues
   M'encouragent toujours.   (*bis.*)
Tour à tour grave, ou légère ou touchante,
   Je chante   (*bis.*)
La liberté (*bis*), la gloire et les amours. (*bis.*)
   Ah ! ah ! ah ! ah ! ah ! ah !

Qui vient là-bas? Une joyeuse troupe;
Un peu de vin les a faits un peu fous.
Qu'autour de moi chacun de vous se groupe,
Gais travailleurs, j'ai des refrains pour vous.
  Faut-il, si la journée
  A table est terminée,
  Qu'en bruyante tournée
  La chanson fasse loi?
   Ecoutez-moi!
   Ecoutez-moi!
 Je suis, etc.

Jeune beauté, vous que sur son cœur presse
Celui qu'un jour vous voulez rendre heureux,
Je sais pour vous de ces chants de tendresse
Que vous demande un regard amoureux.
  En vain votre œil l'évite;
  Quand sa voix vous invite,
  Votre cœur bat plus vite,
  Tremblant d'un doux émoi.
   Ecoutez-moi!
   Ecoutez-moi!
 Je suis, etc.

Pour vous, soldats, j'ai des chants de victoire.
Qui conduiront vos glaives acérés.
Désirez-vous apprendre notre histoire.
Dans les refrains par la gloire inspirer?
  J'ai des pages entières

De ces chansons altières
Qui brisent aux frontières
L'étranger mort d'effroi!
　　Écoutez-moi!
　　Écoutez-moi!
Je suis, etc.

La musique se trouve chez M. L. Vieillot, éditeur, rue Notre-Dame-de-Nazareth, 32.

LA GARDEUSE D'OURS

CHANSONNETTE

Chantée par mademoiselle THÉRÉSA, aux concerts de l'Alcazar d'été.

Paroles et musique de M. HERVÉ.

Je gard' les ours dans la montagne,
Je cueill' des feuill's aux arbrisseaux;
J' joue au bouchon quand l'ennui m'gagne,
Ou je barbott' dans les ruisseaux.
Avec les garçons du village
Je danse aux doux sons du violon;
Leurs plaisirs purs sont de mon âge...
Avec eux j' joue à saut' mouton.

Troloïdïo, loïdïo,   (*ter.*)
Troloïdïo, loïdïo,
    Hein !

J'aime à rêver dans la vallée,
Le long des prés et des coteaux ;
J'aime les cont's à la veillée,
J'aime à siffler le vin d' Bordeaux !...
De tout cela je me contente
Mais je l'avouerai sans efforts :
J'aim'rais mieux vingt mill' livr's de rente
Avec une calèche à huit ressorts.
    Troloïdïo, etc.

Je suis une fille naïve
Et je crois tout ce qu'on me dit,
Le poisson qui nag' dans l'eau vive
Est plus heureux qu' quand il est frit.
Je tâch' de m'instruire à la ronde ;
L'autr' jour j' demandais à Maclou
Comment c' que j'étais v'nue au monde...
Il m'a dit qu' c'était sous n'un chou.
    Troloïdïo, etc.

Bastien me parl' de mariage,
Mais ça demande réflexion ;
Toujours près d' soi l' même visage,
Voilà-z-un' drôle d'invention.
Nicaise aussi fait l' bon apôtre,

Faut choisir entr' ces deux amours...
Je m' fiche autant de l'un que d' l'autre,
J'aim' mieux rester avec mes ours
    Troloïdio, etc.

Mais finissons cette complainte,
Car mes bêtes m'attendent là-bas,
De chanter, ça m' donne des quintes.
Quand je n'dis rien, je n'm'enrou' pas.
Si quéqu' fois, dans vos connaissances,
Vous avez quéqu's ours à garder;
Adressez-les moi d' préférence,
Je saurai les apprivoiser.
    Troloïdio, loïdio,   (ter.)
    Troloïdio, loïdio,
      Hein!

La musique se trouve chez L. Vieillot, éditeur, 32, rue Notre-Dame-de-Nazareth, à Paris, ainsi que *toute espèce de musique de chant* publiée par TOUS LES ÉDITEURS de FRANCE et de BELGIQUE.

FIN.

TABLE

Rien n'est sacré pour un sapeur.	1
La Lisette de Béranger.	4
Sapristi ! comme ça fait du bien.	6
Ça fait tant d'plaisir et ça coût si peu.	8
Le Dernier amour.	10
Béranger.	11
Robinson.	13
Comme au vieux temps.	15
Le Louvetier.	17
Le Départ des hirondelles.	19
Pyrame et Thisbé.	21
Ce qui t'allait mieux.	25
Philosophie.	27
Grandes vérités à l'ordre de tous les jours et de tous les pays.	29
L'Arabe et son Coursier.	33
La Quêteuse, ou : Pour les pauvres, s'il vous plaît.	36
La Première barbe d'un Auvergnat.	39
Le Champagne et les Chansons.	43
Madeline.	45
L'Honneur et l'Argent.	48
Les Parisiens.	50
Si les fleurs parlaient.	53
Gage menteur.	54
La Byzantine.	56
Ah qu'c'est bête.	57

Enfants, n'y touchez pas	61
Elle me pleurera	62
L'Histoire de France	64
Un Vieux farceur	67
L'Anglais et le Gamin de Paris	69
Le Chemin de l'honneur	75
La Canotière	77
Une Maison tranquille	79
La Paille	82
Voyage d'un Buveur	84
Les Filles de marbre	85
Pauvre Oiseau ou l'Exilé	87
Donne-moi la main, ou la rencontre de deux Hommes mariés	89
La Poussière	91
Rêves de jeunesse	93
J'aime les fleurs	94
La Favorite	95
Le Pêcheur de marée	96
Plus on est de fous, plus on rit	98
Le Poitrinaire	100
La Manière de s'en servir	102
Un jeune homme sacrifié	104
On est bien forcé d'être honnête	108
Dans tout il faut avoir du nez	110
Aimez-moi comme vos bêtes	112
Le Bijou des dames	114
Paris à cinq heures du matin	115
Les Auvergnats	120
Le Baptême du p'tit Ébéniste	123
Mon cœur a vingt ans pour t'aimer	126
Lucie de Lammermoor	128
Larmes de Jeannette	130
Nous n'irons plus au bois	132

La Couronne virginale	133
Mettez-moi ça dans du papier	134
L'Enfant et le Devin	137
La Jardinière de Vérone	139
Fanfan le joli tambour	141
Vive la gaité	143
Tais-toi, mon cœur	145
Les Bruits du soir	146
Je resterai garçon	148
Les Martyrs inconnus	150
Ouvrez votre porte aux Amours	152
L'Abeille du poëte	154
Souvenirs nocturnes de deux époux du XVIIe siècle	155
Exil et retour	160
L'Argent et les Amis	162
Enfants, grandissez	164
Lalla-Roukh	166
L'Anglais mélomane	167
Speech	169
Le Sabotier	172
Ché cha ouna fechte	175
La Clef des champs	179
La Juive	181
Le Vieux fumeur	186
Ma dernière nuit de garçon	188
Le bien vient en naviguant	189
Et la lampe ne brûlait plus	191
La Soupe aux choux	193
Lucie de Lammermoor	196
Vive le dimanche	198
Le Secret de Rose	201
Tu t'en f'rais mourir	203
La Jeune fille à l'éventail	205

Ça vous fait d'l'effet	207
Aimez, chantez toujours	210
Paris à cinq heures du soir	211
Le Langage des cloches	218
Le 16 juillet 1857	221
Un peu d'amour par charité	223
Où vas-tu, petit oiseau	225
Chanson à boire	227
Chanson à manger	230
Chanson à dormir	232
Ma Chanson, ou les Enfants de Bacchus	235
Les Quatre Ages du cœur	236
Ma Confession	238
La Chanson de Fortunia	241
Voici l'hiver	244
Le Papillon aux ailes d'or	245
Les Dieux	246
A Béranger	249
La Noce de l'Auvergnat	251
La Pipe	254
La Locomotive	256
Le Chant du Zouave	258
Les Farfadets	260
Le Clou	263
Le Dimanche du p'tit Pichu	265
L'eau va toujours à la rivière	272
Madelinette, Madelon	274
La Chanteuse des rues	276
La Gardeuse d'ours	278

Paris. — J. Claye, imprimeur, rue Saint-Benoit, 7.

A LA MÊME LIBRAIRIE

Almanach de la jeune Chanson française — Répertoire chantant le plus complet des succès populaires, illustré par Bertall, Cham et Célestin Nanteuil. 4me année. Il reste des exemplaires de chaque année. — Prix, 50 c.; *franco*................. » 60

La Gaudriole de 1860. — Choix des meilleures chansons, chansonnettes et morceaux d'opéra de nos célébrités contemporaines. Prix.............................. 1 25

La Mère Godichon ou La Gaudriole de 1863. — Chansons et chansonnettes nouvelles, airs d'opéras, rondes et couplets de pièces de théâtre, de MM. Gustave Nadaud, Henry Murger, Charles Colmance, Frédéric Bérat, Théodore Barrière, Clairville, d'Ennery, Siraudin, E. Plouvier, Mahiet de la Chesneraye, Henry Nadot, Barrillot, Jules Moinaux, Ernest Bourget, Victorien Sardou, etc., etc. — Prix. 1 25

PARIS. — IMP. J. CLAYE, RUE SAINT-BENOIT, 7

www.ingramcontent.com/pod-product-compliance
Lightning Source LLC
Chambersburg PA
CBHW050628170426
43200CB00008B/926